LA NOUVELLE EMMA,

OU

LES CARACTÈRES ANGLAIS

DU SIÈCLE.

DE L'IMPRIMERIE DE LEBÉGU

rue des Rats, n° 14, près la place Maubert.

LA NOUVELLE EMMA,

OU

LES CARACTÈRES ANGLAIS

DU SIÈCLE,

PAR L'AUTEUR d'*Orgueil et Préjugé*, etc., etc.

TRADUIT DE L'ANGLAIS.

TOME PREMIER.

PARIS,

Chez { ARTHUS BERTRAND, LIBRAIRE, rue Hautefeuille, n° 23.
COGEZ, LIBRAIRE, rue du Cimetière Saint-André-des-Arts, n° 11.

1816.

AVERTISSEMENT.

La *Nouvelle Emma* n'est point, à proprement parler, un roman; c'est un tableau des mœurs du temps. Les Français qui ont fait quelque séjour en Angleterre, y reconnaîtront les coutumes, les habitudes et les manières des petites villes, ou de ce qu'on appelait jadis chez nous la province. Ceux au contraire qui ne sont jamais sortis de chez eux, apprendront, sans se déplacer, à connaître nos voisins.

On prévient ici le Lecteur qu'il ne

trouvera dans cet ouvrage aucune aventure merveilleuse, point de châteaux enchantés, point de géans pourfendus: tout est naturel. Après avoir lu *Emma*, on croirait que l'auteur a tracé ses portraits d'après nature, et que les faits qu'il raconte se sont passés dans son voisinage. Cet ouvrage, dédié à Son Altesse Royale le Prince Régent d'Angleterre, a été favorablement accueilli par la nation pour laquelle il a été écrit, et cela devait être ; car le lecteur anglais, s'il ne se reconnaissait pas lui-même dans les portraits tracés par l'auteur, pouvait y reconnaître ses amis, ses parens ou ses voisins. Parmi un grand nombre de personnages qui figurent dans cette brochure, il y a quelques caractères neufs pour nous, et ils sont en général bien soutenus.

Comme chez nous, on y trouvera des parvenus insolens, des bavards, des gens fiers de leur naissance et de leur fortune ; et comme chez nous aussi, on rencontrera des personnes qui pensent que les avantages de la naissance et de la fortune (dont le premier est toujours accidentel, et très-souvent le second) ne devraient inspirer à un vrai gentilhomme d'autre orgueil que celui de surpasser les hommes qui sont placés au-dessous de lui dans l'ordre politique, par son équité, par sa générosité et ses talens.

Emma, personnage principal, joue,

comme de raison, le premier rôle. Jeune, belle, spirituelle et riche (il ne faut pas oublier cette bonne qualité-là), maîtresse de bonne heure, non-seulement de ses actions, mais même de toute sa maison, par la mort prématurée de sa mère, et l'excessive tendresse d'un père qui l'a gâta autant qu'il put, avait cependant des qualités éminentes; mais ce qui la distingue le plus, c'est l'amour filial qu'elle possède à un tel degré, qu'elle forme le projet de ne se jamais marier; mais reléguée dans une campagne, elle crut que, pour le bien de son pays en général, celui de ses amis en particulier, et surtout pour se procurer quelque amusement, elle devait faire des mariages.

Heureusement pour elle, ainsi que pour ceux en faveur de qui elle travaillait, elle ne réussit ni à en faire ni à en empêcher, et qu'elle finit elle-même par épouser un véritable gentilhomme. En Angleterre, ce titre de *gentleman* se donne à tout le monde, comme chez nous celui de monsieur; dans sa véritable acception encore aujourd'hui, *gentleman* signifie un homme accompli, possédant, outre de belles manières, toutes les qualités de l'esprit et du cœur. On pourrait même assurer que le titre de *gentleman* est au-dessus de lord; car c'est encore en Angleterre comme chez nous, où tous les nobles ne sont pas *gentle-men*; c'est ce que prouve le bon mot d'un satirique anglais. Apprenant qu'un lord avait été fait duc, il s'écria :

The king may make him a duke if he pleases, but I'll be D....d if he can make a gentleman of him.

Le roi peut le faire duc; mais il n'en fera jamais un gentilhomme.

Quant à la morale, on peut dire de la *Nouvelle Emma* ce qu'un auteur disait de son livre :

Les mères peuvent le faire lire à leurs filles.

LA NOUVELLE EMMA,

OU

LES CARACTÈRES ANGLAIS DU SIÈCLE.

CHAPITRE PREMIER.

EMMA Woodhouse, belle, bien faite, riche, pleine d'heureuses dispositions, et dans une maison agréable, semblait réunir tout ce qui peut rendre l'existence heureuse. Elle avait déjà passé dans ce monde près de vingt et un ans, sans avoir non-seulement éprouvé de malheurs, mais même sans avoir eu presque aucun sujet de chagrin.

Elle était la seconde fille d'un père extrêmement affectueux et indulgent. Le mariage de sa sœur aînée l'avait rendue de très-bonne heure la maîtresse de la maison. Il y avait si long-temps que sa mère était morte, qu'elle se ressouvenait à peine de ses caresses, et sa place avait été remplie, en qualité de gouvernante, par une excellente personne qui lui avait en quelque sorte tenu lieu d'une seconde mère, par l'affection qu'elle lui portait.

Mademoiselle Taylor passa seize ans dans la famille de M. Woodhouse plutôt comme amie que comme gouvernante, très-affectionnée aux deux demoiselles, mais surtout à Emma. Entre elles existait l'intimité de deux sœurs. Avant même que mademoiselle Taylor eût cessé d'exercer les fonctions de gouvernante, la douceur de son caractère ne lui avait pas permis de la gêner en rien ; et l'ombre de l'autorité étant depuis long-temps effacée, elles avaient vécu en amies extrêmement attachées l'une à l'autre, et Emma ne faisait que ce qu'elle voulait ; malgré la haute opinion qu'elle avait du jument de mademoiselle Taylor, elle ne se conduisait cependant que d'après le sien.

Le plus grand malheur d'Emma, à la vérité, était d'avoir trop de liberté et de trop présumer d'elle-même ; c'est ce qui pouvait un jour porter obstacle au bonheur de sa position. Le danger néanmoins était quant à présent si peu imminent, qu'on ne pouvait en appréhender aucun malheur réel. L'affliction arriva. Une douce affliction, mais elle ne venait pas par sa faute. Mademoiselle Taylor se maria. Ce fut sa perte qui causa le premier chagrin qu'Emma eût ressenti. Le jour des noces de cette bien-aimée compagne, Emma resta, pour la première fois, long-temps absorbée dans de tristes pensées. Les noces finies et les mariés partis, son père et elle restèrent seuls, et dinèrent ensemble sans l'espoir d'un tiers pour leur aider à passer une longue soirée. Après le dîner, son père, comme à l'ordinaire, fit la sieste, et elle n'eut autre chose à faire que de rester assise et songer à la perte qu'elle venait de faire.

Cet événement promettait cependant de faire le bonheur de son amie. M. Weston était un homme d'un excellent caractère, d'un âge convenable, et doué de manières agréables; il jouissait d'une fortune compétente; et elle ressentait quelque satisfaction d'avoir toujours désiré et fait tous ses efforts pour faire réussir ce mariage, preuve certaine de ses sentimens désintéressés;

mais elle regardait cette perte comme un mauvais augure. La perte de mademoiselle Taylor devait être vivement sentie chaque heure de chaque jour. Emma se rappela ses bontés, bontés et affections qui duraient depuis seize ans, ce qu'elle avait appris, et leurs jeux communs depuis l'âge de cinq ans. Comment elle avait employé tous ses moyens à l'amuser, lorsqu'elle jouissait d'une bonne santé ! et avec quelle tendresse elle l'avait soignée dans les diverses maladies de l'enfance !

Cette conduite méritait toute sa reconnaissance ; mais leur commerce pendant les sept dernières années, leur égalité, leur intimité sans réserve, depuis le mariage d'Isabelle, qui les laissa seules, furent le sujet des souvenirs les plus doux et les plus tendres. Elle avait été son amie et sa compagne, compagne telle qu'on en trouve rarement, intelligente, instruite, utile, douce, connaissant les usages de la famille, intéressée à ce qui la regardait, et surtout elle particulièrement quant à ses plaisirs ou à ses projets, à qui elle pouvait communiquer toutes ses pensées à mesure qu'elle les formait, et qui avait tant d'affection pour elle, qu'elle ne trouvait jamais rien à redire.

Comment supposer un tel changement? Il est vrai que son amie ne s'éloignait de sa maison que d'un demi-mille; mais Emma savait bien qu'il y avait une grande différence entre une madame Weston à un demi-mille de chez elle, et une demoiselle Taylor dans sa maison; et, malgré tous ses avantages naturels et domestiques, elle courait le risque de souffrir beaucoup de cet état de solitude. Elle aimait tendrement son père, mais il ne pouvait lui tenir compagnie; elle ne pouvait converser ni jouer avec lui.

Le mal de la disproportion de leur âge (et M. Woodhouse ne s'était pas marié jeune) était de beaucoup augmenté par ses habitudes et sa mauvaise constitution; car ayant été toute sa vie valétudinaire, sans la moindre activité de corps ni d'esprit, il était beaucoup plus vieux par ses habitudes que par l'âge; et, quoique chéri de tout le monde par la bonté de son cœur, l'amabilité de son caractère, ses talens ne pouvaient en aucune manière lui servir de recommandation. Sa sœur, quoique peu éloignée par son mariage, étant établie à Londres, distant seulement de seize milles, l'était cependant trop pour la voir tous les jours, et il fallait passer à Hartfield plusieurs soirées désagréables pendant les mois d'octobre et de novembre, avant que Noël procurât la visite d'Isabelle, de son mari et de ses enfans pour remplacer le vide qui se trouvait dans sa maison, et lui former de nouveau une société agréable.

Highbury, grand village bien peuplé qu'on pouvait presque appeler une ville, et auquel Hartfield, malgré ses plaines séparées, ses vergers et son nom, appartient véritablement, ne pouvait lui en fournir de semblables. Les Woodhouse tenaient le premier rang dans le pays ; ils y jouissaient d'une grande considération. Elle y avait beaucoup de connaissances, car son père était civil avec tout le monde ; mais aucune de ces connaissances n'aurait pu remplacer mademoiselle Taylor, même pendant une demi-journée.

Un pareil changement était dur, et Emma ne put s'empêcher de soupirer en y pensant ; elle formait des vœux impossibles à réaliser, lorsque son père s'éveilla, et la força de paraître gaie. Ses esprits avaient besoin d'être soutenus. Il était nerveux, aisément abattu, aimant ceux qu'il avait coutume de voir, et désolé de les quitter, haïssant toute espèce de changement. Le mariage, comme origine d'un déplacement, lui était désagréable; et il n'était pas encore réconcilié à celui de sa fille, et ne parlait d'elle que pour la plaindre, quoique cette alliance eût été formée par une affection mutuelle, lorsqu'il fut obligé de se séparer aussi de mademoiselle Taylor; et, d'après sa douce habitude de croire que les autres pussent penser autrement que lui, il était persuadé que mademoiselle Taylor avait aussi mal fait pour elle-même que pour eux, et qu'elle aurait été beaucoup plus heureuse si elle avait voulu finir ses jours à Hartfield. Emma sourit, et se mit à causer avec autant d'enjouement qu'elle put pour lui faire oublier son sujet ; mais lorsqu'on servit le thé, il lui fut impossible de ne pas répéter tout ce qu'il avait dit à dîner.

« Pauvre demoiselle Taylor ! je désirerais bien qu'elle fût encore ici. Quel dommage que M. Weston ait jamais pensé à elle ! »

« Je ne suis pas de votre avis, papa, vous savez que je ne le puis. M. Weston est un si aimable homme, si bon, d'une humeur si joviale, qu'il méritait bien d'avoir une excellente femme ; et vous ne pouvez désirer que mademoiselle Taylor demeurât toujours avec nous et supportât ma mauvaise humeur, lorsqu'il était en son pouvoir d'avoir une maison à elle. »

« Une maison à elle ! Mais à quoi bon d'avoir une maison à elle ! celle-ci est trois fois plus grande que la sienne.

Et vous n'êtes jamais de mauvaise humeur, ma chère Emma. »

« Combien nous leur ferons de visites, et combien de fois ils viendront chez nous ! Nous serons toujours les uns chez les autres ! C'est à nous de commencer, nous leur devons une visite de noces ! »

« Mais, ma chère, comment pourrai-je aller si loin ? Randalls est si éloigné, que je ne saurais faire à pied la moitié autant de chemin. »

« Non, papa, personne n'a jamais pensé que vous iriez à pied. Nous irons en voiture. »

« En voiture ? mais Jacques n'aimerait pas d'atteler pour une si petite course ; et puis où mettrons-nous les chevaux pendant notre visite ? »

« On les mettra dans l'écurie de M. Weston ; vous savez, papa, que c'est une affaire arrangée. Nous en avons causé hier au soir, M. Weston et moi. Et quant à Jacques, vous pouvez être certain qu'il ira toujours à Randalls avec plaisir, sa fille étant servante dans la maison. Je crains seulement qu'il ne veuille plus nous mener ailleurs. C'est votre faute, papa. Personne ne pensait à Anne, avant que vous n'en ayez parlé. Jacques vous a tant d'obligations ! »

« Je suis enchanté d'avoir pensé à elle. C'était fort heureux, car je n'aurais pas voulu, pour tout au monde, que le pauvre Jacques pût penser qu'on le négligeât; et je suis assuré qu'elle fera un bon domestique ; elle est civile et parle poliment : j'ai une très-bonne opinion d'elle. Quand elle me voit, elle me fait toujours la révérence, et me demande comment je me porte, et cela d'une manière très-gentille ; et lorsqu'elle venait ici travailler à l'aiguille avec vous, elle tournait toujours la clef du bon côté, et fermait doucement la porte. Je suis persuadé qu'elle fera une bonne servante, et que ce sera une grande satisfaction pour la pauvre mademoiselle Taylor d'avoir auprès d'elle une fille de connaissance. Chaque fois que Jacques ira voir sa fille, on saura de nos nouvelles à Randalls, et il leur dira comment nous nous portons tous. »

Emma fit tous ses efforts pour le maintenir dans l'heureux changement de ses idées, et eut lieu d'espérer qu'à l'aide du trictrac elle parviendrait à faire passer la soirée à son père, et qu'elle seule sentirait des regrets. Le trictrac fut placé; mais une visite le rendit inutile.

M. Knightley, homme de sens, d'environ trente-sept à trente-huit ans, était non-seulement un ancien et intime ami de la maison, mais encore était allié à la famille, en qualité de frère aîné du mari d'Isabelle. Il habitait à un mille d'Highbury, faisait des visites fréquentes à Hartfield, où il était toujours bien venu, et ce jour-là encore plus que de coutume, parce qu'il revenait de Londres où il avait vu ses amis et ceux de la famille. Après quelques jours d'absence, il se rendit après dîner à Hartfield pour annoncer que tout allait bien dans le Brunswich-Square. C'était une heureuse circonstance qui ranima M. Woodhouse pendant quelque temps. Les manières enjouées de M. Knightley lui faisaient toujours du bien, et ses nombreuses questions sur la pauvre Isabelle et ses enfans reçurent des réponses satisfaisantes. Après cela, M. Woodhouse lui fit gracieusement les observations suivantes.

« Vous êtes bien obligeant, M. Knightley, de venir à une pareille heure nous rendre visite. Je crains que vous n'ayez eu une promenade bien désagréable. »

« Pas du tout, monsieur, il fait un clair de lune superbe, et le temps est si doux, que je suis obligé de me reculer du feu. »

« Mais vous avez dû trouver le temps bien humide et la route pleine de boue. Je crains que vous ne vous soyez enrhumé. »

« La route pleine de boue! Regardez mes souliers, il n'y a pas une mouche. »

« Bien. Cela est surprenant; car nous avons eu ici beaucoup de pluie. Il est tombé une averse effroyable, pendant une demi-heure, tandis que nous déjeûnions. Je désirais qu'ils eussent remis la noce à une autre fois. »

« A propos, je ne vous ai pas fait compliment, certain de l'espèce de joie que vous deviez en ressentir, je ne me suis pas pressé. — Mais je me flatte que tout s'est fort bien passé. — Quelle conduite avez-vous tenue? Qui criait le plus fort? »

« Ah, pauvre demoiselle Taylor! c'était pour elle une mauvaise affaire. »

« Pauvres M. et mademoiselle Woodhouse, s'il vous plaît; mais je ne saurais absolument dire, pauvre demoiselle Taylor! J'ai le plus grand respect pour vous et pour Emma; mais quand il s'agit de la dépendance ou de l'indépendance! Quoi qu'il en soit, il vaut mieux n'avoir à plaire à une seule personne qu'à deux. »

« Surtout lorsque l'une des deux est une créature fantasque et turbulente! dit Emma, plaisamment. C'est ce qui vous trottait par la tête, je le sais, et c'est ce que vous n'eussiez pas manqué de dire, si mon père n'eût pas été présent. »

« Je crois, en vérité, ma chère, que vous dites vrai, s'écria M. Woodhouse, en poussant un soupir. Je crains bien d'être de temps en temps fantasque et turbulent. »

« Mon très-cher papa ! vous ne pouvez pas croire que j'aie voulu parler de *vous*, ni supposer que ce fût l'intention de M. Knightley. Quelle horrible idée ! Oh non ! J'ai voulu parler de moi-même. Vous savez que M. Knightley aime à me trouver des défauts. — C'est une plaisanterie. — Ce n'est qu'un jeu. Nous nous permettons toujours de nous dire ce que nous pensons. »

En effet, M. Knightley était du petit nombre de ceux qui pouvaient découvrir des défauts dans Emma, et le

Tome I. 2

seul qui osât lui en parler : et quoique cette franchise ne lui fût pas très-agréable à elle-même, elle savait qu'elle le serait d'autant moins à son père, qu'elle ne voulait pas qu'il pût soupçonner que tout le monde ne la trouvât pas aussi parfaite qu'elle lui paraissait être.

« Emma sait que je ne la flatte jamais, dit M. Knightley ; mais je n'ai eu l'intention d'attaquer personne. Mademoiselle Taylor était obligée de plaire à deux personnes : elle n'en aura plus qu'une à contenter. Les chances étant en sa faveur, elle doit y gagner. »

« Fort bien, dit Emma, désirant changer de conversation, vous voulez savoir ce qui s'est passé à la noce, et j'aurai le plaisir de vous le dire, car nous nous y sommes conduits à merveille. Tout le monde a été exact et de bonne humeur. Pas une larme, et peu de figures alongées. Oh ! non, nous avons tous senti que nous ne nous éloignions les uns des autres que d'un demi-mille, et que nous nous verrions tous les jours. »

« La chère Emma supporte tout si bien, dit son père. Mais, M. Knightley, elle regrette infiniment la perte de mademoiselle Taylor, et je suis certain qu'elle la regrettera plus qu'elle ne pense. »

Emma tourna la tête, ne sachant si elle devait pleurer ou sourire.

« Il est impossible que la perte d'une telle compagne n'affecte pas Emma, dit M. Knightley ; nous ne l'aimerions pas autant que nous l'aimons, si nous pouvions le supposer. Mais elle sait combien ce mariage est avantageux à mademoiselle Taylor ; elle sait combien il doit être agréable, à l'âge qu'elle a, d'être établie dans sa propre maison, et combien il lui importe de s'être assuré un douaire qui ne lui laisse aucune crainte de l'avenir ; ainsi je pense qu'Emma doit ressentir plus de plaisir que de peine. Tous les amis de mademoiselle Taylor doivent être charmés de la voir si bien mariée. »

« Et vous avez oublié une autre cause de ma joie, dit Emma, et une cause qui la met à son comble ; c'est que c'est moi qui ai fait ce mariage. Il y a quatre ans que je l'ai fait ce mariage, vous le savez; de le voir réussir, d'avoir eu raison, lorsque tant de monde disait que M. Weston ne se remarierait jamais, peut me tenir lieu de tout »

M. Knightley lui fit un signe de la tête. Son père répliqua avec douceur: « Ah, ma chère ! je désire que vous ne fassiez plus de mariage, et que vous ne prédisiez plus rien ; car toutes vos prédictions s'accomplissent. Je vous en prie, ne faites plus de mariages. »

« Je vous promets, papa, de n'en faire aucun pour moi, mais il faut que j'en fasse pour les autres. C'est le plus grand amusement du monde! et après un pareil succès!... Tout le monde disait que M. Weston ne se remarierait jamais. Oh! mon Dieu, non. M. Weston, qui était resté veuf si long-temps, et qui paraissait si heureux de n'avoir plus de femme, si constamment occupé de ses affaires en ville, ou parmi ses amis ici; toujours bien reçu partout, toujours joyeux. M. Weston ne pouvait jamais passer une soirée seul, à moins que cela ne lui plût. Oh! non, M. Weston ne se remariera jamais. Il y avait même des gens qui disaient qu'il l'avait promis à sa femme mourante; d'autres que son fils et son oncle ne le lui permettraient pas. On faisait à ce sujet des contes à dormir debout ; mais je n'y ai pas cru. Depuis le jour (il y a environ quatre ans) que mademoiselle Taylor et moi le rencontrâmes dans Brondway-Lane, où, comme il bruinait un peu, il prit galamment la course, pour emprunter deux parapluies, chez le fermier Michel ; depuis ce jour-là, dis-je, j'ai formé mon plan, et comme j'ai eu le bonheur de réussir, je me flatte, mon cher papa, que vous ne songerez pas à m'empêcher de continuer à faire des mariages. »

« Je n'entends pas, dit M. Knightley, ce que vous voulez dire par succès. Un succès suppose qu'on a fait des efforts. Vous avez bien employé votre temps, si pendant quatre ans vous avez travaillé à faire réussir ce mariage. C'est un joli emploi pour une demoiselle ! Mais si, comme je l'imagine, la part que vous avez à ce mariage ne va pas plus loin que d'en avoir formé le dessein, en vous disant à vous-même, un jour de désœuvrement, je pense que ce serait une bonne chose pour mademoiselle Taylor, si M. Weston voulait l'épouser, et vous le répétant ensuite de temps en temps, pourquoi parlez-vous de succès ? Quel mérite pouvez-vous vous attribuer ? De quoi êtes-vous si fière ? Vous avez eu un heureux pressentiment, et voilà tout ce qu'on en peut dire. »

« Et n'avez-vous jamais connu le plaisir d'avoir un heureux pressentiment? Vous me faites pitié. Je vous croyais plus habile; car soyez persuadé qu'un heureux pressentiment ne vient pas entièrement du hasard ; il y a toujours quelques talens à le former. Quant à ce pauvre mot *succès*, pour lequel vous me querellez, je crois y avoir néanmoins quelque droit. Vous avez esquissé deux jolis tableaux ; mais je pense qu'on pourrait en dessiner un troisième. Quelque chose entre avoir tout fait et n'avoir rien fait du tout. Si je n'avais pas encouragé M. Wetson à visiter souvent Hartfield , si je n'avais applani quelques difficultés, il est possible que ce mariage n'eût pas eu lieu. Il me semble que vous connaissez assez la maison, pour comprendre ce que je vous dis. »

« Un homme vif, portant son cœur sur la main , comme M. Wetson , et une femme raisonnable et sans affectation comme mademoiselle Taylor, peuvent être abandonnés à eux-mêmes, et sont en état d'arranger leurs propres affaires. Il est probable que vous vous êtes fait plus de mal en vous en mêlant, que vous ne leur avait fait de bien. »

Emma ne pense jamais à elle-même quand elle peut faire du bien aux autres, répliqua M. Woodhouse, qui n'avait compris qu'une partie de la dernière phrase de M. Knightley; mais, ma chère, je vous en prie, ne faites plus de mariages; ce sont de sottes choses; ils détruisent, d'une manière sensible, les cercles des familles. »

« Encore un, cher papa, seulement pour M. Elton. Pauvre M. Elton! Vous aimez M. Elton, papa; il faut que je lui trouve une femme. Il n'y a personne à Highbury qui soit digne d'avoir un tel mari. Et il y a un an qu'il est ici; il a si bien arrangé sa maison, que ce serait une honte de l'y laisser vivre seul; et j'ai pensé, en le voyant joindre les mains des mariés, aujourd'hui, qu'il serait bien aise qu'on en fît autant pour lui! Je veux du bien à M. Elton, et c'est la seule manière que j'aie de lui rendre service. »

« M. Elton est un joli jeune homme, et qui plus est, un bon jeune homme. J'ai beaucoup de considération pour lui ; mais, ma chère, si vous voulez lui donner quelques marques d'attention, invitez-le à dîner, cela vaudra mieux. Je me flatte que M. Knightley voudra bien lui tenir compagnie. »

« Avec le plus grand plaisir, monsieur, quand il vous plaira, dit en riant M. Knightley ; je suis parfaitement de votre avis ; cela vaudra beaucoup mieux. Invitez-le à dîner. Emma, servez lui ce qu'il y aura de mieux ; mais laissez-le se choisir une épouse. Soyez sûr qu'un homme de vingt-six à vingt-sept ans prendra ce soin lui-même. »

CHAPITRE II.

M. Weston était né à Highbury, d'une famille respectable, qui depuis deux à trois générations, s'était élevée aux premiers rangs de la bourgeoisie, et avait acquis de la fortune : il avait reçu une bonne éducation, mais ayant de bonne heure hérité d'une petite fortune indépendante, il ne se sentit plus de goût pour les affaires domestiques, auxquelles ses frères s'étaient adonnés, et satisfit son humeur enjouée et ses dispositions sociales, en entrant dans la milice de son pays, qui se trouvait alors formée.

Le capitaine Weston se fit rechercher partout, et lorsque les chances de sa vie militaire lui eurent fait faire connaissance avec mademoiselle Churchill, d'une grande famille du comté d'Yorck, et que mademoiselle Churchill vint à l'aimer, personne n'en fut surpris, excepté M. et madame Churchill, qui ne l'avaient jamais vu, et dont l'orgueil se trouva offensé d'une pareille alliance.

Cependant mademoiselle Churchill était majeure et maîtresse de sa fortune, qui, quoiqu'elle ne fût pas en proportion des grands biens de sa famille, passa outre. Le mariage eut lieu, à la grande mortification de M. et madame Churchill, qui s'éloignèrent d'elle avec bienséance. Cette alliance était peu convenable, et ne fut pas heureuse. Madame Weston aurait dû l'être davantage, car elle avait un mari dont le cœur chaud et le bon caractère lui firent toujours croire qu'il n'en pouvait trop faire pour lui prouver combien il était reconnaissant de la bonté qu'elle avait eue de l'aimer. Mais quoiqu'elle eût une sorte de fortitude, elle n'était pas de la bonne espèce. Elle eut assez de résolution pour persister dans ses projets, malgré son frère; mais pas assez pour mépriser sa colère déraisonnable, et ne put s'empêcher de regretter les grandeurs de la maison paternelle. Leur dépense outrepassa de beaucoup leurs revenus; et cependant ce n'était rien en comparaison d'*Escombe*. Elle aima toujours son mari; mais elle ne parvint jamais à être la femme de M. Weston, ni mademoiselle Churchill d'Escombe.

Le capitaine Weston, que les Churchill croyaient avoir fait un mariage surprenant, avait cependant fait une très-mauvaise affaire; car, lorsque sa femme mourut, trois ans après leur mariage, il était plus pauvre qu'auparavant, et avait de plus un enfant à nourrir. L'enfant, néanmoins, ne fut pas long-temps à sa charge, car par son moyen, et la maladie lente et douloureuse de sa mère, une espèce de réconciliation eut lieu, et M. et madame Churchill n'ayant point d'enfans, ni aucun jeune parent plus près, dont ils se souciassent, peu après le décès de sa mère, ils offrirent de se charger du petit Franck. Le père eut d'abord quelque peine et des scrupules; mais ils furent surmontés par d'autres considérations ; il abandonna son fils aux soins et aux richesses des Churchill. Il n'eut plus qu'à songer à lui-même et à la manière de réparer ses pertes.

Il dut changer son train de vie. Il quitta la milice et se mit dans le commerce. Ayant des frères établis à Londres, il profita de cette circonstance. Ses affaires ne lui donnèrent qu'une occupation honnête. Il avait gardé sa maison d'Highbury, où il venait passer ses heures de loisir ; et au milieu des affaires et des plaisirs de la société, il passa agréablement dix-huit à vingt ans. Il s'était, pendant ce temps, acquis une fortune honnête et assez considérable pour acheter une terre joignant Highbury, et dont la possession l'avait toujours tenté, pour se mettre à même d'épouser une femme aussi peu fortunée que mademoiselle Taylor, et de vivre suivant ses dispositions sociales.

Il y avait déjà quelque temps que mademoiselle Taylor avait de l'influence sur l'accomplissement de ses projets ; mais comme cette influence n'était pas aussi tyrannique que celle qui existe entre deux jeunes gens, il avait persisté dans le dessein qu'il avait formé de ne jamais se remarier, qu'il n'eût fait l'acquisition de Randalls, et, quoique la vente de cette terre se fît beaucoup attendre, il suivit son projet avec constance, jusqu'à ce qu'enfin il en vînt à bout. Il avait fait sa fortune, acheté sa terre, obtenu son épouse, et commençait une nouvelle période d'existence qui lui promettait plus de bonheur qu'il n'en avait jamais eu. Jamais cependant il n'avait été malheureux ; son bon caractère l'avait empêché de l'être, même pendant son premier mariage ; mais son second devait lui prouver combien il est agréable d'avoir une femme judicieuse et réellement aimable, et qu'il vaut infiniment mieux choisir que d'être choisi, d'exciter la reconnaissance que de la sentir.

Il n'avait que lui à consulter dans son choix, sa fortune était à lui ; car, quant à Franck, il était plus que probable qu'il serait l'héritier de son oncle ; son adoption avait été si publique, qu'à sa majorité on lui avait fait prendre le nom de Churchill. Il n'était donc pas raisonnable de supposer qu'il eût jamais besoin de l'assistance paternelle. Le père ne le craignait pas. La tante était à la vérité une femme capricieuse, qui gouvernait entièrement son mari; mais il n'était pas dans le caractère de M. Weston de pouvoir s'imaginer qu'aucun caprice, quel qu'il fût, pût affecter un si cher objet, et qui méritait tant d'être aimé. Il voyait tous les ans son fils à Londres, en était fier, et les rapports qu'on avait faits de lui comme d'un très-joli garçon, avaient donné de l'orgueil aux habitans d'Highbury. On le regardait comme appartenant assez au pays, pour s'occuper de son mérite et de ce qui le concernait.

Highbury s'énorgueillisait de M. Franck Churchill, et on avait une extrême curiosité de l'y voir; mais il tint si peu de compte de ce compliment, qu'il n'y était jamais venu. On a souvent parlé d'une visite qu'il devait faire à son père ; mais elle n'a jamais eu lieu.

Maintenant pour le mariage de son père, on crut qu'il viendrait lui donner une marque de son attention. Il n'y eut pas une voix contre ; soit lorsque madame Perry prit du thé chez M. et madame Bates, ou lorsque M. et madame Bates rendirent la visite. C'était le temps où M. Franck Churchill devait venir parmi eux, et l'espérance qu'on en eut s'augmenta lorsqu'on sut qu'il avait écrit une charmante lettre à sa belle mère au sujet de son mariage. Pendant quelques jours on citait, dans les visites du matin, quelques passages de la belle lettre que M. Franck Churchill avait écrite à madame Weston. « Je suppose que vous avez entendu parler de la charmante lettre que M. Franck Churchill a écrite à madame Weston ? J'ai entendu dire que cette lettre était superbe. M. Woodhouse m'en a parlé. M. Woodhouse l'a vue, et il dit que de sa vie il n'en avait vu de si belle. »

Cette lettre fut très-applaudie. Madame Weston avait, en conséquence, une très-bonne opinion du jeune homme ; et une aussi grande marque de son attention était une forte preuve de son bon sens, et une augmentation bien sentie des félicitations que son mariage lui avait déjà assurées. Elle sentait son bonheur, et elle était d'âge à connaître combien on devait la croire heureuse, puisque les seuls regrets qu'elle éprouva, venaient d'être séparée d'amis dont l'attachement ne s'était jamais refroidi, et qui étaient extrêmement sensibles à sa perte.

Elle savait qu'on la regrettait, et ne pouvait songer, sans peine, qu'Emma perdît l'occasion de s'amuser, ou éprouvât un moment d'ennui, privée comme elle l'était d'une compagne digne d'elle. Mais le caractère d'Emma n'était pas faible ; elle était plus capable qu'aucune autre jeune demoiselle de supporter sa position ; elle était douée de jugement, d'énergie et de courage, qui lui faisaient surmonter aisément les petites difficultés et les privations auxquelles sa situation l'exposait. Et ensuite il y avait une si petite distance de Randalls à Hartfield; et qui, à leur mutuelle satisfaction, pouvait servir de promenade même aux dames : d'ailleurs, les dispositions de M. Weston et sa fortune le mettaient à même, malgré la rigueur de la saison où l'on allait entrer, de passer une partie de leurs soirées à Hartfield.

La situation de madame Weston occupait très-agréablement Emma pendant des heures entières, et ses regrets ne duraient que quelques momens; et la grande satisfaction qu'elle devait éprouver, et qui était bien connue de tout le monde, n'empêchait pas que, quoiqu'Emma connût parfaitement son père, elle ne fût par fois surprise de l'entendre exhaler sa pitié sur le sort de mademoiselle Taylor.

« Pauvre demoiselle Taylor! quand nous la laissions à Randalls, au milieu de ses jouissances domestiques, ou que nous la voyons quitter Hartfield, escortée par son galant époux qui la conduisait à sa voiture, jamais M. Woodhouse ne manqua de l'accompagner d'un tendre soupir, et de dire:

« Ah! pauvre demoiselle Taylor! elle serait bien aise de rester ici.»

Il était impossible de ravoir mademoiselle Taylor, ni aucun espoir qu'on cessât de la plaindre; mais quelques semaines après, M. Woodhouse reçut des soulagemens à ses peines. Les complimens de ses voisins, sur un événement qui lui paraissait désastreux, avaient cessé; et les gâteaux de noces, qui lui avaient causé beaucoup de peine, étaient mangés. Son estomac ne pouvait digérer les plats recherchés, et il ne pouvait s'imaginer que quelqu'un pût digérer mieux que lui.

Tout ce qu'il regardait comme malsain, devait l'être pour tout le monde: c'est par cette raison qu'il avait fait tous ses efforts pour persuader aux nouveaux époux de n'avoir point de gâteaux de noces; et, lorsqu'il vit qu'il n'était pas écouté, il essaya d'obtenir qu'on n'en mangeât point. Il s'était donné la peine de consulter M. Perry, l'apothicaire, à ce sujet. M. Perry était un homme intelligent, d'assez bonne façon, dont les fréquentes visites étaient une des plus grandes consolations de M. Woodhouse; et sur la demande, fut obligé d'avouer (quoique contre son inclination) que les gâteaux de noces ne convenaient pas à tout le monde, peut-être à personne, à moins qu'on en mangeât avec modération. Avec une telle opinion, qui confirmait la sienne, M. Woodhouse espéra qu'elle prévaudrait; et que ceux qui viendraient rendre visite aux nouveaux mariés ne mangeraient pas de gâteaux : cependant on en mangea, et ses nerfs ne le laissèrent en repos que lorsque la totalité eut disparu.

Il courut un étrange bruit dans Highbury. On dit qu'on avait vu les petits Perry avec une tranche des gâteaux de noces de M. Weston à la main : mais M. Woodhouse n'a jamais voulu le croire.

CHAPITRE III.

M. Woodhouse aimait la société, mais à sa manière. Il se plaisait beaucoup à recevoir ses amis, et cela par plusieurs raisons réunies : Sa longue résidence à Hartfield, la bonté de son naturel, sa fortune, sa maison et sa fille ; il pouvait composer son petit cercle comme il le voulait. Il n'avait que peu de communications avec les familles qui n'en faisaient pas partie. L'horreur qu'il avait de se coucher tard, jointe à celle des grands dîners, l'empêchèrent de se lier avec des gens qui ne voulaient pas se conformer à ses usages. Heureusement pour lui, qu'à Highbury, comprenant Randalls dans la même paroisse, l'abbaye de Douwell dans la paroisse voisine, et le manoir de M. Knightley, renfermaient une grande partie de ce cercle.

Très-souvent, à la persuasion d'Emma, il invitait à dîner les plus apparens du cercle ; mais il préférait les après-dînées, à moins qu'il ne se crût pas en état de recevoir compagnie. Il se passait peu de soirées dans la semaine, sans qu'Emma ne pût pas lui procurer une partie aux cartes.

Les égards qu'on avait pour lui depuis long-temps, amenaient M. Weston, M. Knightley et M. Eston, jeune homme qui vivait seul malgré lui ; il échangeait volontiers une soirée à passer dans sa triste solitude, pour l'élégance de la société du salon de M. Woodhouse : le sourire de son aimable fille n'était pas perdu pour lui.

Après ceux-ci venait une autre partie de ce qu'il y avait de plus digne d'être reçu. Madame et mademoiselle

Bates et madame Goddard, trois dames toujours promptes à accepter les invitations qu'elles recevaient d'Hartfield.

On avait coutume de les envoyer chercher et de les ramener en voiture, lorsque M. Woodhouse pensait que ce n'était pas un trop grand travail pour Jacques ou ses chevaux; et quand ils n'auraient fait cette corvée qu'une fois par an, il s'en serait plaint comme d'une corvée inutile.

Madame Bates, veuve d'un ancien vicaire de Highbury, était une vieille dame qui n'était bonne qu'à prendre du thé et jouer au quadrille. Elle vivait avec sa fille assez médiocrement, jouissant de la considération que mérite une vieille dame sans fortune. Sa fille, quoiqu'elle ne fût ni jeune, ni jolie, ni riche, ni mariée, jouissait d'une grande popularité. Mademoiselle Bates n'avait rien qui pût lui gagner la faveur publique, aucune supériorité d'esprit pour compenser ses défauts, ou forcer à un respect apparent ceux qui pourraient la haïr. Elle n'avait pas lieu de s'enorgueillir de sa beauté ni de ses talens; elle avait passé sa jeunesse sans être remarquée, et dans son âge mûr elle prenait soin d'une mère qui était sur son déclin, et tirait le meilleur parti possible d'un très-modique revenu. Et, cependant, elle était heureuse, tout le monde en disait du bien. C'était son bon caractère, sa bienveillance universelle qui opéraient ce miracle. Elle aimait tout le monde, s'intéressait au bonheur de chacun, avait des yeux d'argus pour découvrir le mérite des gens; elle se croyait parfaitement heureuse, remerciant la providence de lui avoir donné une mère telle que la sienne, de se voir environnée d'amis, de bons voisins, et d'avoir une maison bien pourvue. La simplicité et la bonté de son naturel, son contentement et sa reconnaissance, la recommandaient à tout le monde, et faisaient sa propre félicité. Elle parlait beaucoup sur des riens, ce qui convenait fort à M. Woodhouse, amateur de communications et partisan zélé du commérage.

Madame Goddard était une maîtresse de pension, non d'un séminaire ou d'un établissement où rien n'existait de ce qui promettait, par de longues et impertinentes sentences, d'unir des connaissances libérales à une morale élégante par de nouveaux principes et un nouveau système d'éducation; où les jeunes demoiselles, en payant un prix exhorbitant, perdent ordinairement leur santé à force de les serrer, et n'acquièrent que de la vanité :

mais une pension à l'ancienne mode, où, pour un prix raisonnable, les jeunes filles acquéraient quelques talens, pouvaient y être envoyées, pour s'en débarrasser, et leur procurer une espèce d'éducation, sans courir les risques de devenir des prodiges. La pension de madame Goddard jouissait d'une grande réputation, et la méritait; car la situation d'Highbury passait pour très-salubre. Elle avait une maison spacieuse et un grand jardin; donnait aux enfans une nourriture saine et abondante, les laissait courir tant qu'elles voulaient pendant l'été, et en hiver pansait elle-même leurs engelures. Il n'était pas étonnant de la voir suivie à l'église par une quarantaine d'enfans. C'était une bonne et simple mère de famille, qui, ayant beaucoup travaillé dans sa jeunesse, croyait qu'il lui était permis, certains jours de congé, d'aller en visite prendre du thé ; et, ayant autrefois reçu beaucoup de bienfaits de M. Woodhouse, elle se croyait obligée de quitter son joli salon, orné de toutes sortes d'ouvrages, quand elle le pouvait, et de venir gagner ou perdre quelques pièces de douze sous au coin de son feu.

Voilà les dames qu'Emma pouvait rassembler quand elle le voulait ; heureuse par rapport à son père, d'être en état de lui procurer leur compagnie ; mais quant à elle, leur présence ne remédiait aucunement à l'absence de madame Weston ; elle jouissait de voir son père satisfait, et reconnaissant des soins qu'elle prenait d'arranger sa partie ; mais ce commérage de trois femmes de cette espèce lui faisait désagréablement sentir qu'une soirée passée ainsi, était une de ces longues soirées que sa peur avait anticipées.

Comme elle était un matin à penser que la journée serait terminée par une de ces soirées, on lui remit un billet de madame Goddard, qui la priait, dans les termes les plus respectueux, de lui permettre d'amener avec elle mademoiselle Smith : cette prière fit le plus grand plaisir à Emma ; car mademoiselle Smith était une jeune fille de dix-sept ans qu'elle connaissait de vue, et à laquelle elle s'intéressait à cause de sa beauté. La belle maîtresse du manoir répondit de la manière la plus gracieuse, et ne craignit plus de passer une soirée désagréable.

Henriette Smith était la fille naturelle de quelqu'un. Il y avait plusieurs années qu'on l'avait envoyée à l'école de madame Goddard, où depuis quelque temps on l'avait élevée au rang de pensionnaire seulement. C'était tout ce que l'on savait de son histoire. Elle n'avait d'autres amis connus que ceux qu'elle s'était faits à Highbury, et elle ne faisait que d'y revenir, ayant fait une longue visite chez de jeunes demoiselles, qui avaient été avec elle à la pension de madame Goddard.

C'était une très-jolie fille, et sa beauté était celle qu'Emma admirait le plus. Elle était petite, potelée et blonde; avec le plus beau teint du monde, elle avait les yeux bleus, le regard d'une douceur angélique; et avant la fin de la soirée, Emma fut aussi enchantée de ses manières que de sa personne, et résolut de cultiver sa connaissance. Rien de bien marquant ne se faisait remarquer dans la conversation de mademoiselle Smith; mais Emma la trouva extrêmement engageante, pas trop timide, parlant volontiers; mais sans prétention, pleine d'égards, et exprimant d'une manière agréable combien elle était reconnaissante d'avoir été admise à Hartfield. Son ingénuité à admirer l'élégance de ce qu'elle y trouvait, si supérieure à tout ce qu'elle avait vu ailleurs, tout cela montrait son bon sens, et qu'elle méritait tout ce qu'on pourrait faire pour elle.

La société inférieure d'Highbury n'était pas faite pour posséder ces beaux yeux bleus si doux, ces beautés si naturelles. Les connaissances qu'elle avait, n'étaient pas dignes d'elle. Les amies qu'elle venait de quitter, quoique d'assez bonnes personnes, ne pouvaient que lui nuire. Elles appartenaient à une famille du nom de Martin, qu'Emma connaissait de réputation, comme affermant un grand domaine de M. Knightley, dans la paroisse de Donwell. C'était d'honnêtes gens, et elle savait que M. Knightley en faisait beaucoup de cas ; mais ils devaient être grossiers, impolis, et peu faits pour jouir de l'intimité d'une jeune personne à laquelle il ne manquait qu'un peu plus de savoir et d'élégance pour être parfaite.

Elle résolut de la protéger, de l'instruire, de la détacher de ses anciennes connaissances, et de la présenter dans la bonne compagnie ; et en même temps de former ses opinions et ses manières. Cette entreprise était intéressante et certainement très-louable, digne du rang qu'elle tenait, de ses loisirs et de l'influence dont elle jouissait.

Elle était si occupée de ses beaux yeux bleus, à écouter et à répondre, à former ses projets, que la soirée se passa sans qu'elle s'en aperçût ; et le souper qui terminait toujours ces parties, souper qu'elle avait soin de faire servir elle-même à temps, se trouva prêt sans qu'elle y songeât : elle en fit les honneurs avec cette grâce qui ne l'abandonnait jamais; elle fut, comme à son ordinaire, extrêmement attentive à servir tout le monde, pressant ces dames, qui aimaient à se retirer de bonne heure, d'accepter les mets choisis qu'elle leur offrait.

Dans ces sortes d'occasions, la sensibilité de M. Woodhouse était singulièrement affectée. Il aimait bien qu'on mît la table, parce que c'était la coutume dans son enfance; mais convaincu que les soupers étaient nuisibles à sa santé, il aurait désiré qu'on ne servît pas; et en même temps que son hospitalité l'invitait à bien traiter les personnes qui venaient le voir, la crainte qu'il avait que le souper ne leur fît mal, le chagrinait beaucoup de les voir manger.

Une écuellée de gruau très-clair, comme celui qu'il prenait, était tout ce qu'il se permettait d'offrir ; il se contenait cependant, tandis que les dames mangeaient de meilleures choses, et se contentait de dire :

« Madame Bates, permettez-moi de vous proposer de courir les risques de manger un œuf. Un œuf à la coque n'est pas malsain. Personne ne s'entend mieux que Serle à faire cuire des œufs. Je ne recommanderais pas des œufs cuits par d'autres. Mais n'ayez pas peur, vous voyez qu'ils sont petits, un de nos petits œufs ne saurait vous faire de mal. Mademoiselle Bates, souffrez qu'Emma vous offre un petit morceau de tarte, un très-petit morceau. Les nôtres sont faites avec des pommes. Vous ne trouverez pas ici de confitures malsaines. Je ne conseille pas de manger du flanc. Madame Goddard, acceptez un verre de vin : un petit demi-verre de vin dans un grand gobelet d'eau ne peut que vous faire du bien. »

Emma laissait parler son père, mais servait ces dames d'une manière plus substantielle; et cette soirée-là surtout, elle fit tout son possible pour les renvoyer très-satisfaites. Mademoiselle Smith fut aussi heureuse qu'elle l'avait désiré. Mademoiselle Emma était une si grande dame à Highbury, que l'espoir d'être admise chez elle, lui avait donné autant de crainte que de plaisir. Notre humble et reconnaissante jeune demoiselle quitta Hartfield, extrêmement satisfaite de l'affabilité d'Emma, qui l'avait embrassée en partant.

CHAPITRE IV.

Il fut bientôt convenu qu'Henriette Smith aurait les grandes entrées à Hartfield. Emma, vive et décidée, ne perdit pas de temps ; elle l'invita, l'encouragea et la pressa d'y venir très-souvent, et plus elles se virent, plus leur satisfaction mutuelle en augmente.

Emma voyait depuis long-temps combien Henriette lui serait utile pour la promenade ; elle avait vivement senti la perte de madame Weston, à ce sujet. Son père ne dépassait jamais le verger, où l'on avait fait deux marques, pour faire sa grande et sa petite promenade, suivant la saison ; et depuis le mariage de madame Weston, elle avait été trop sédentaire.

Elle s'était hasardée d'aller une fois

seule à Randalls ; elle y prit peu de plaisir ; mais d'avoir une Henriette, à ses ordres, pour l'accompagner à la promenade, c'était une grande addition à ses récréations.

Henriette n'était certainement pas instruite, mais elle était douce, docile et reconnaissante ; nullement capricieuse, et n'avait d'autre désir que de se laisser guider par une personne qu'elle reconnaissait lui être supérieure. Emma trouvait très-aimable qu'elle se fût sitôt attachée à elle ; et ce goût qu'elle avait pour la bonne compagnie, était une preuve de son bon sens, quoique ses connaissances fussent très-bornées. Enfin elle était persuadée qu'Henriette Smith était la jeune amie qu'il lui fallait exactement, ce quelque chose qui lui manquait à la maison.

Une amie telle que madame Weston,

c'était impossible : on ne pouvait pas espérer d'en trouver deux comme elle, et elle n'en avait pas besoin.

C'était une toute autre chose, un sentiment distinct et indépendant. Madame Weston était l'objet d'une considération basée sur l'estime et la reconnaissance. Emma serait aimée par une personne à qui elle voulait faire du bien. Elle ne pouvait être d'aucune utilité à madame Weston ; mais elle était à même de faire beaucoup pour Henriette.

Le premier service qu'elle voulut lui rendre fut de découvrir ses parens. Mais Henriette elle-même ne savait à qui elle appartenait. En toute occasion elle était prête à tout dire ; mais sur ce sujet il était inutile de lui faire des questions. Emma ne put que faire des conjectures ; mais elle crut qu'en pareil cas, elle aurait découvert la vérité. Henriette n'avait pas de pénétration ; elle s'en était rapportée à ce que lui avait dit madame Goddard, et ne chercha pas à en apprendre davantage. Madame Goddard, les gouvernantes et les écolières, ainsi que ce qui regardait la maison, faisaient le sujet de ses conversations ; et sans la connaissance des Martin de l'abbaye de Mill-Farm, elle n'en aurait pas eu d'autres. Mais ses pensées se portaient souvent vers les demoiselles Martin : elle avait passé deux mois avec elles, et elle se plaisait à en parler souvent, à raconter combien elle y avait été heureuse, et à faire la description de leur habitation et des merveilles qu'on y voyait. Emma l'encourageait à causer, amusée par la peinture qu'elle faisait d'une espèce particulière de personnes qu'elle ne connaissait pas, et jouissant de sa simplicité, qui lui faisait dire, avec emphase, que les Martin avaient deux salons, dont l'un était aussi grand que la salle de compagnie de madame Goddart; qu'ils avaient une femme de charge, qui était depuis vingt-cinq ans dans la maison; huit vaches, dont deux étaient d'Alderney et une autre du pays de Galle; une jolie petite vache galloise; et que madame Martin avait dit que, puisqu'elle lui plaisait tant, on l'appellerait *sa vache*; de plus, un belvéder dans le jardin, où ils devaient prendre le thé, un jour de l'année prochaine; un très-joli belvéder, qui pouvait contenir une douzaine de personnes. Pendant quelque temps Emma s'amusa de son babil, sans penser à autre chose; mais à mesure qu'elle connut mieux la famille, il lui vint d'autres idées: elle en avait une fausse, en s'imaginant que la famille était composée de madame Martin, d'une fille, d'un fils et de sa femme, vivant tous ensemble; mais lorsqu'elle apprit que M. Martin, qui jouait un rôle dans le récit que faisait Henriette, et dont elle parlait avec éloge, était garçon ; qu'il n'y avait pas de jeune madame Martin, elle soupçonna que sa jeune amie paierait chèrement l'hospitalité et les faveurs que cette famille lui avait prodiguées. Elle craignit que si on n'y apportait pas de remède, Henriette ne fût perdue pour jamais.

D'après ces nouvelles idées, elle redoubla ses questions, surtout à l'égard de Martin, et Henriette ne se fit pas prier. Elle dit naïvement la part qu'elle avait prise à leurs promenades au clair de la lune, ainsi qu'à leurs jeux, et s'étendit beaucoup sur le bon naturel de M. Martin, dont elle vanta les qualités et la bonne humeur. « Il avait couru, un jour, trois milles, pour lui chercher des noisettes, parce qu'elle avait dit qu'elle les aimait beaucoup. Il était en tout d'une obligeance extrême. Il avait fait entrer un soir le fils de son berger dans le salon, pour le faire chanter. Elle aimait beaucoup les chansons. Il chantait un peu lui-même. Elle le croyait très-instruit et connaisseur en toutes choses. Il avait un très-beau troupeau, et lorsqu'elle était chez lui, on lui avait offert pour ses laines, plus qu'on n'en offrait aux autres fermiers. Elle était bien sûre que tout le monde disait du bien de lui. Sa mère et ses sœurs l'aimaient beaucoup. Madame Martin lui dit un jour (elle ne put s'empêcher de rougir), qu'il n'existait pas un meilleur fils que lui, et qu'elle était certaine qu'il serait un très-bon mari ; que cependant elle ne désirait pas qu'il se mariât encore, qu'elle n'était pas pressée. »

« Fort bien, madame Martin ! se dit Emma, à elle-même, vous entendez fort bien vos affaires ; et lorsqu'elle quitta la maison, madame Martin envoya une belle oie à madame Goddard, une oie superbe ; la plus belle que madame Goddard eût jamais vue. Madame Goddard la fit cuire pour le dimanche suivant, et invita les trois gouvernantes à souper avec elle, savoir, mesdemoiselles Nash, Prinse et Richarsdson. »

« Je suppose que M. Martin n'a pas d'instruction, qu'il ne connaît que ses affaires. Il ne lit sans doute pas ? »

« Oh ! pardonnez-moi, c'est-à-dire non. Je n'en sais rien, mais je crois qu'il a beauconp lu. Il lit des rapports sur l'agriculture et quelques autres livres, qui sont déposés dans un des siéges qui sont au bas des fenêtres. Mais il les lit tout bas. Il lui arriva cependant un soir, avant notre partie de cartes, de nous lire, tout haut, un passage des *Extraits élégans*. C'était fort amusant. Et je sais qu'il a lu le vicaire de Wakfield. Il ne connaît pas le roman de la Forêt, ni celui des Enfans de l'abbaye. Il n'en avait même jamais entendu parler avant mon arrivée; mais il est déterminé à se les procurer aussitôt qu'il le pourra. »

La question suivante fut :

« Quelle espèce d'homme est M. Martin ? »

« Oh ! il n'est pas beau, pas beau du tout. D'abord je l'ai trouvé laid; mais maintenant je le trouve mieux. Vous savez que cela arrive toujours. Mais ne l'avez vous jamais vu ? Il va souvent à Highbury; il le traverse toutes les semaines pour aller à Kingston. Il a passé devant vous plusieurs fois. »

« C'est possible, et je puis l'avoir vu

cinquante fois, sans le connaître. Un jeune fermier, à pied ou à cheval, est le dernier homme qui puisse exciter ma curiosité. Les riches paysans sont justement les gens avec qui je sens que je ne puis rien avoir à faire. Un degré ou deux au-dessous d'eux, avec une bonne apparence, pourraient m'intéresser. J'aurais lieu d'espérer d'être utile à leur famille, d'une manière ou d'une autre; mais un riche paysan n'a nul besoin de moi, et, dans un sens, il est autant au-dessus de moi, qu'il est au-dessous, dans un autre. »

« Oh, oui! certainement, il n'est pas probable que vous l'ayez observé; mais il vous connaît bien, je veux dire de vue. »

« Je ne doute pas qu'il soit un très-honnête garçon. Je sais même qu'il l'est, et, comme tel, je lui souhaite toute sorte de bonheur. »

« Quel âge croyez-vous qu'il ait ? »

« Il a eu vingt-quatre ans, le 8 de juin, et le jour de ma naissance tombe le 23. Au juste, seize jours de différence : ce qui est très-extraordinaire ! »

« Il n'a que vingt-quatre ans ; il est trop jeune pour se marier. Sa mère a grandement raison de dire qu'elle n'est pas pressée. Il paraît qu'ils vivent fort bien tous ensemble, et si elle cherchait à le marier, elle s'en repentirait certainement. Dans six ans, s'il trouve une jeune femme agréable, de son rang, qui ait un peu d'argent, alors il pourra se marier. »

« Dans six ans ? ma chère demoiselle Woodhouse, il aurait trente ans ! »

« Fort bien ; et ce n'est qu'à cet âge là que la plupart des hommes sont en état de se marier, ceux surtout qui ne sont pas nés avec une fortune indépendante. Je m'imagine que M. Martin a encore la sienne à faire. Il ne peut pas avoir mis grand'chose de côté. Quelqu'argent qu'il ait reçu à la mort de son père, quelque part qu'il ait dans la propriété de la maison, tout est employé, j'en suis sûre, en bestiaux, provisions, etc. Et quoiqu'avec beaucoup d'application et de bonheur, il puisse un jour devenir riche, il est presqu'impossible qu'il ait encore rien réalisé. »

« Cela est très-vrai ; mais ils vivent fort bien. Ils n'ont pas de domestiques mâles dans la maison ; autrement ils ne manquent de rien ; et madame Martin dit que l'année prochaine elle prendra un jokey ! »

« Je désire que vous ne vous mettiez pas dans un grand embarras, Henriette, lorsqu'il se mariera ; je veux dire en faisant la connaissance de sa femme ; car quoique vous puissiez continuer à voir ses sœurs, à cause de l'éducation qu'elles ont reçue, il ne s'ensuit pas qu'il épouse une femme digne de votre société. Le malheur de votre naissance doit vous faire prendre un soin particulier dans le choix de vos connaissances. Il n'y a pas de doute que vous ne soyez la fille d'un homme comme il faut, et vous devez faire tous vos efforts pour vous rendre digne du rang qu'il occupe dans le monde, où vous rencontrerez beaucoup de gens qui se feraient un plaisir de vous mortifier. »

« Oh, certainement, il y en a beaucoup. Mais tant que je serai admise à Hartfield (et vous avez tant de bontés pour moi, mademoiselle Woodhouse) je ne craindrai pas ce qu'on pourrait dire de moi. »

« Vous comprenez tout le pouvoir

de l'influence, Henriette, mais je voudrais que vous fussiez si bien établie dans la bonne société, que vous pussiez être indépendante d'Hartfield et de mademoiselle Woodhouse. Je désire que vous voyez une bonne société, et pour y parvenir, il est nécessaire que vous ne gardiez qu'un très-petit nombre de vos anciennes connaissances ; et je dis que si vous étiez encore dans ce pays lorsque M. Martin se mariera, je désire que vous ne soyez pas entraînée, par l'intimité qui existe entre vous et ses sœurs, à vous lier avec sa femme, qui ne saurait être que la fille d'un fermier, sans aucune éducation. »

« Certainement, oui. Je ne crois pas cependant que M. Martin épouse une personne sans éducation et mal élevée ; mais je ne prétends point préférer mon opinion à la vôtre, et je ne désire aucunement faire connaissance avec sa femme. Je ferai toujours un très-grand cas des demoiselles Martin, particulièrement d'Elisabeth, et je serais très-fâchée de ne plus les voir, car elles sont tout aussi bien élevées que moi. Mais s'il épousait une femme ignorante et grossière, je ne la verrais pas, si je pouvais m'en dispenser. »

Emma l'épiait attentivement pendant ce discours, et ne vit point de symptômes d'amour, qui pussent l'alarmer. Ce jeune homme avait été son premier admirateur ; mais elle croyait qu'il n'avait pas jeté de profondes racines, et qu'Henriette ne s'opposerait pas aux arrangemens qu'elle voulait prendre en sa faveur.

Elles rencontrèrent M. Martin, le lendemain, étant à la promenade, sur le chemin de Donwell.

Il était à pied, et après avoir très-respectueusement salué Emma, il regarda sa compagne avec une satisfaction qu'il ne se donna pas la peine de déguiser. Emma ne fut pas fâchée d'avoir cette occasion de faire ses remarques ; et avançant quelques pas, tandis qu'ils causaient ensemble, ses yeux perçans surent bientôt l'apprécier. Il était proprement mis, avait un air sentimental ; mais sa personne n'avait rien qui le recommandât, et en le comparant à un jeune homme comme il faut, elle pensa qu'il perdrait beaucoup des progrès qu'il avait pu faire dans le cœur d'Henriette.

Henriette n'était pas insensible aux belles manières ; elle avait remarqué avec attention celles de son père, en avait été surprise et enchantée. M. Martin ne savait pas ce que c'était que les belles manières. Ils ne restèrent pas long-temps ensemble, parce qu'on ne pouvait pas faire attendre mademoiselle Woodhouse, et Henriette courut après elle, en souriant, et dans une agitation qu'Emma espéra faire promptement cesser.

« Que penser de cette rencontre ! Qu'elle est surprenante ! C'est un pur hasard, m'a-t-il dit, qu'il n'ait pas fait le tour de Randalls. Il ne croyait pas que nous nous promenassions jamais sur cette route-ci. Il pensait que c'était toujours sur celle de Randalls. Il n'a pas encore pu se procurer le roman de la Forêt. Il a eu tant d'affaires la dernière fois qu'il a été à Kingston, qu'il n'a pas pu se le procurer ; mais il y retournera demain. Il est extraordinaire que nous l'ayons rencontré ! Eh bien ! mademoiselle Woodhouse, le trouvez-vous tel que vous le supposiez ? Qu'en pensez-vous ? Le trouvez-vous si laid ? «

« Il est laid, sans doute ; très-laid;

mais ce n'est rien en comparaison de son manque d'usage. Je ne devais pas m'attendre à grand'chose, il est vrai, et je n'ai pas été trompée. Cependant j'avoue que je ne lui croyais pas un air si grossier, une si mauvaise tournure, et je pensais qu'il devait être mieux. »

« Certainement, dit Henriette, un peu mortifiée, il n'a pas l'air d'un gentilhomme? »

« Je pense, Henriette, que depuis notre connaissance vous avez vu très-souvent de véritables gentilshommes, et vous vous serez sans doute aperçue de la différence qui existe entre eux et M. Martin. A Hartfield vous avez vu plusieurs modèles de jeunes gens bien élevés. Je serais surprise, qu'après les avoir vus, vous pussiez vous trouver dans la compagnie de M. Martin, sans vous apercevoir qu'il est de cent piques au-dessous d'eux. Vous devriez vous étonner vous-même d'avoir rien trouvé d'agréable en lui. Ne commencez-vous pas à vous en apercevoir à présent ? N'en êtes-vous pas frappée ? Je suis très-convaincue que vous avez dû être choquée de son air gauche, de ses manières brusques, de sa voix rauque, dont les accens grossiers m'ont frappée, quoique je fusse éloignée de lui lorsqu'il vous parlait. »

« Certainement il ne ressemble pas à M. Knightley, il n'a pas la prestance et la manière de marcher de M. Knightley. Je n'ai pas de peine à m'apercevoir de la différence qui existe entre eux. Mais M. Knightley est un homme si accompli ! ».

« M. Knightley a si bonne tournure qu'on ne peut établir aucune comparaison entre lui et M. Martin. Peu d'hommes, peut-être pas un sur cent, n'annoncent à la première vue, comme M. Knightley, la présence d'un homme comme il faut. Mais il n'est pas le seul que nous ayons vu dernièrement à Hartfield. Que pensez-vous de MM. Weston et Elton ? Comparez M. Martin à l'un ou l'autre des deux; comparez leur manière de se présenter, de marcher, de parler, de garder le silence, et vous devez sentir la différence qui existe entre eux. »

« Oh ! oui, il y en a une grande ; mais M. Weston est presqu'un vieillard, M. Weston doit avoir de quarante à cinquante ans. »

« C'est ce qui donne plus de prix à ses belles manières. Plus une personne est avancée en âge, Henriette, plus il lui importe que ses manières ne soient pas mauvaises ; car alors, la grossièreté, le ton bruyant, l'élévation de la voix, etc., sont plus apparens et plus désagréables. Ce qui est passable dans la jeunesse, est détestable dans un âge avancé. M. Martin est maintenant gauche et brusque, et que sera-t-il à l'âge de M. Weston ? »

« En vérité, on ne saurait le deviner, dit Henriette, d'un air assez grave. »

« Il me semble que cela n'est pourtant pas très-difficile. Il deviendra un véritable fermier, lourd et grossier, inattentif aux apparences, et ne pensant qu'aux profits et aux pertes qu'il peut faire. »

« En vérité ! cela serait très-mal ! »

« On voit clairement jusqu'à quel point il est uniquement occupé de ses affaires, puisqu'il a oublié de demander le livre que vous lui aviez recommandé d'apporter. Il était trop attentif à ses marchés pour penser à autre chose. C'est justement la conduite que doit tenir un homme qui veut s'enrichir. Qu'a-t-il besoin de livres ? Je ne doute nullement qu'il ne fasse bien ses affaires, et qu'il ne devienne riche avec le temps. Au reste, qu'il soit illettré et grossier, qu'est-ce que cela nous fait ? »

« Je m'étonne qu'il ait oublié ce livre », fut la seule réponse que fit Henriette, d'un air piqué. Emma crut devoir la livrer à elle-même, et cessa de parler. Peu après elle recommença ainsi :

« A quelques égards, peut-être, les manières de M. Elton sont supérieures à celles de M. Knightley ou de M. Weston ; il a plus de douceur dans le caractère. On pourrait les donner pour exemple. Chez M. Weston on trouve une franchise, une vivacité, une brusquerie même, que tout le monde aime en lui, parce que tout cela est accompagné d'une grande gaîté. Mais on ne pourrait pas l'imiter. On passe à M. Knightley ses manières décidées et son ton impératif; sa figure, son regard, le rang qu'il occupe, semblent le lui permettre; mais si un jeune homme s'avisait de l'imiter, il se rendrait insupportable. Je crois qu'un jeune homme, au contraire, pourrait fort bien prendre M. Elton pour modèle. M. Elton a l'humeur douce, est gai, obligeant et bien né. Il me semble que depuis quelque temps sa douceur naturelle s'est encore augmentée. Je croirais qu'il a l'intention de gagner les bonnes grâces de l'une de nous deux, Henriette, par cette douceur additionnelle. Il me semble que ses manières sont encore plus douces qu'à l'ordinaire. Si telle est son intention, c'est sans doute à vous qu'il en veut. Ne vous ai-je pas fait part de ce qu'il disait de vous l'autre jour ? » Elle répéta alors les louanges passionnées qu'elle avait tirées de M. Elton au sujet d'Henriette, louanges qu'elle reconnaissait justes ; et Henriette rougit et dit, avec un sourire, qu'elle avait toujours cru M. Elton un jeune homme infiniment agréable.

M. Elton était la personne qu'Emma avait choisie pour chasser M. Martin de la tête d'Henriette. Elle crut que ce serait un excellent mariage pour tous les deux : et que comme la chose était si claire, si naturelle et si probable, elle n'aurait pas grand mérite d'en avoir formé le plan. Elle craignait que tout le monde, pensant comme elle, n'en prédit le succès. Cependant il n'était guère possible que personne y eût pensé avant elle, car il était entré dans sa tête la première fois qu'Henriette était venue à Hartfield. Plus elle y pensait, et plus elle reconnaissait qu'il devait avoir lieu. La situation de M. Elton était convenable : bien né, sans alliance vulgaire, et en même temps d'une famille qui n'avait pas le droit de trouver à redire à la naissance douteuse d'Henriette.

Il pouvait mettre à sa disposition une bonne maison, et Emma pensait qu'il jouissait d'un honnête revenu ; car, quoique la cure d'Highbury ne fût pas considérable, on savait qu'il avait des propriétés : elle le regardait comme un jeune homme respectable, bien intentionné, d'une humeur douce, qui ne manquait pas de jugement et qui connaissait le monde.

Elle était déjà convaincue qu'il trouvait qu'Henriette était une très-jolie fille, ce qu'elle regardait comme suffisant, avec leurs fréquentes rencontres d'Hartfield ; et quant à Henriette, l'idée seule d'être préférée par lui, emporterait la balance. C'était véritablement un jeune homme fait pour plaire, un jeune homme que toute femme qui ne serait pas délicate à l'excès pouvait aimer. Il passait pour un très-bel homme : on admirait sa personne, excepté Emma, à cause qu'il n'avait pas cette élégance dans les traits qu'elle exigeait. Mais une fille qui pouvait savoir gré à un Robert Martin de galopper pour lui chercher des noisettes, pouvait être aisément conquise par l'admiration que M. Elton aurait pour elle.

CHAPITRE V.

« J'ignore quelle est votre opinion, madame Weston, dit M. Knightley, sur cette grande intimité entre Emma et Henriette Smith, mais je la crois pernicieuse ».

« Pernicieuse ! La croyez-vous véritablement pernicieuse ? Pourquoi ? »

« Je pense qu'aucune d'elles ne s'en trouvera bien. »

« Vous me surprenez. Emma fera nécessairement du bien à Henriette : et en fournissant à Emma un nouvel objet qui l'intéresse, Henriette lui en fera aussi. J'ai vu leur intimité avec un grand plaisir. Que nous pensons différemment ! Croire qu'elles ne se feront pas de bien ! Ce sera, sans doute, le commencement des querelles que vous vous disposez à me faire au sujet d'Emma, M. Knightley ? »

« Vous croyez, peut-être, que je suis venu exprès pour me quereller avec vous, sachant que Weston n'est pas à la maison, et que vous devez combattre seule ! »

« M. Weston prendrait certainement mon parti s'il était ici, car il pense exactement comme moi sur le sujet en question. Hier, nous en parlions, et nous convenions qu'il était extrêmement heureux pour Emma, qu'Highbury possédât une fille comme Henriette, dont elle pût faire sa compagne. En pareil cas, M. Knightley, je ne vous regarde pas comme juge compétent. Vous êtes si accoutumé de vivre seul, que vous ne sentez pas le prix d'une compagne ; et aucun homme, peut-être, ne peut juger convenablement du plaisir que trouve une femme dans la société d'une personne de son sexe, surtout y ayant été accoutumée toute sa vie. J'imagine facilement l'objection que vous pouvez faire à Henriette Smith. Ce n'est pas là, à la vérité, la femme supérieure qui conviendrait à Emma pour amie. D'un autre côté, comme Emma veut qu'elle soit plus instruite, ce sera une raisson pour elle-même de lire davantage. Elles liront ensemble. Je sais que telle est son intention. »

« Emma a eu l'intention de lire davantage, depuis l'âge de douze ans. J'ai vu un grand nombre de listes qu'elle a faites de temps à autre, des livres qu'elle se proposait de lire, et ces listes étaient très-bonnes, bien choisies et très-bien arrangées, quelquefois par lettres alphabétiques, quelquefois autrement. Je me souviens que je trouvai si bien celle qu'elle fit lorsqu'elle n'avait encore que quatorze ans; je pensais que cette liste faisait tant d'honneur à son jugement, que je la gardai quelque temps; et je crois qu'elle en a fait une excellente à présent. Mais je ne m'attends plus qu'Emma s'adonne sérieusement à la lecture. Elle ne se soumettra jamais à ce qui demande du travail et de la patience, et ses fantaisies l'emporteront toujours sur son jugement. Ce que mademoiselle Taylor n'a pas pu obtenir, on peut être très-certain qu'Henriette Smith ne l'obtiendra point. Vous n'avez jamais pu l'engager à lire la moitié autant que vous le désiriez, vous savez que vous ne l'avez pas pu. »

« J'ose dire, répliqua madame Weston en souriant, que je pensais ainsi alors ; mais depuis notre séparation, je ne me souviens pas qu'Emma n'ait pas fait tout ce que je désirais. »

« On ne doit pas désirer se souvenir

de pareilles choses, dit M. Knightley, avec sensibilité, et il se tut pendant quelques instans. Mais bientôt après, ajouta :

« Moi qui n'ai pas eu de charme jeté sur mes sens, je puis encore voir, entendre et me souvenir. Emma a été gâtée, parce qu'elle était la plus instruite de la famille : à dix ans, elle avait le malheur d'être en état de répondre à des questions qui auraient embarrassé sa sœur à dix-sept. Elle a toujours été vive et décidée, et Isabelle lente et réservée. Et depuis l'âge de douze ans, Emma a été la maîtresse de la maison et de vous tous. En perdant sa mère, elle a perdu la seule personne qui pût la gouverner. Elle a hérité des talens de sa mère, à qui elle aurait été forcée de se soumettre. »

« J'aurais été très-fâchée, M. Knightley, d'avoir eu besoin de votre recommandation, si, en quittant la famille de M. Woodhouse, j'avais été dans le cas de chercher une autre place : je ne crois pas que vous eussiez dit un mot à qui que ce soit en ma faveur. Je suis persuadée que vous ne m'avez pas crue capable de remplir l'emploi que j'avais. »

« Oui, dit-il en riant, vous êtes bien placée ici, très-propre au rôle d'épouse, mais pas du tout à celui de gouvernante. Mais vous vous prépariez à devenir une excellente femme, pendant le temps que vous étiez à Hartfield. Il est possible que vous n'ayez pas donné à Emma une éducation aussi accomplie que vos connaissances le promettaient; mais vous receviez vous-même d'elle une excellente éducation sur le point le plus important du nœud conjugal, c'est-à-dire, de soumettre votre volonté à celle d'un autre, et de faire tout ce qu'on désirait de vous. Et si Weston m'avait chargé de lui chercher une femme, je lui aurais certainement proposé mademoiselle Taylor. »

« Je vous remercie, il n'y a pas grand mérite à être une bonne femme, quand on a un mari tel que M. Weston. »

« Ma foi, pour dire la vérité, je crois que vous vous êtes perdue, et que, malgré toutes les dispositions que vous avez à vous soumettre, vous n'en trouviez point l'occasion. Il ne faut cependant désespérer de rien. Weston peut devenir fâcheux, par excès de bonheur, ou il peut arriver que son fils lui donne du désagrément.

« J'espère que non, cela n'est pas probable, M. Knightley, ne nous annoncez pas de vexations de ce côté-là. »

« Non, en vérité, cela n'est pas impossible. Je n'ai aucune prétention au génie d'Emma, en fait de prédictions ou de pressentimens. Je souhaite de tout mon cœur que ce jeune homme ait le mérite de Weston et les richesses des Churchill. Mais, Henriette Smith, je n'ai pas à moitié fini avec elle : Je crois qu'elle est la plus mauvaise compagne qu'Emma puisse avoir. Elle ne sait rien, et croit qu'Emma sait tout. Toutes ses manières tendent à la flatterie ; et, ce qu'il y a de plus mauvais, c'est qu'elle le fait sans dessein : son ignorance est une flatterie continuelle. Comment Emma peut-elle imaginer qu'elle ait quelque chose à apprendre, tandis qu'Henriette lui offre une si aimable infériorité. Quant à Henriette, j'ose assurer qu'elle ne gagnera rien d'avoir fait connaissance avec elle. Hartfield lui donnera du dégoût pour tous les endroits qu'elle fréquentait auparavant. Elle acquerra assez d'élégance pour se trouver déplacée parmi ceux que sa naissance et sa fortune lui avaient marqués pour société. Je suis bien trompé, si les leçons d'Emma donnent de la force à son esprit, et la portent à se conformer raisonnablement aux accidens de la vie auxquels elle pourra être exposée; elles ne lui donneront qu'un vernis. »

« Ou je compte plus sur le bon sens d'Emma que vous ne faites, ou je désire plus que vous qu'elle soit heureuse; car je ne saurais faire de jérémiades sur la connaissance qu'elle a faite. Qu'elle était belle hier au soir ! »

« Oh! vous aimez mieux parler de sa personne que de son esprit, n'est-il pas vrai? Fort bien ; je ne nie pas qu'Emma ne soit jolie. »

« Jolie! Dites belle, plutôt; pouvez-vous imaginer quelqu'un qui approche plus qu'Emma d'une beauté parfaite par le visage et les formes? »

« J'ignore ce que je pourrais imaginer; mais j'avoue que je n'ai jamais vu de figures ni de formes qui me plaisent davantage que les siennes. Mais j'ai de la partialité pour elle, en qualité d'ancien ami. »

« Quel œil! OEil d'un véritable brun clair, si brillant! Des traits réguliers, une contenance ouverte, avec un teint, oh! quel teint! il annonce une santé parfaite, une taille si bien prise et si élevée, une si belle prestance. On voit la santé, non-seulement sur son teint, mais dans son air, sa tête et ses regards. On dit quelquefois qu'un enfant est le portrait de la santé, Emma me donne l'idée d'une santé parvenue à sa perfection. C'est l'amabilité personnifiée, n'est-il pas vrai, M. Knightley? »

« Je ne trouve rien à redire dans toute sa personne, fut sa réponse. J'aime beaucoup à la regarder, et, j'ajouterai cette louange à celle que vous lui donnez, c'est que je crois qu'elle ne tire pas vanité de sa personne. Considérant combien elle est belle, elle paraît peu occupée de ses charmes; sa vanité a un autre objet. Madame Weston, je ne permettrai pas que notre caquetage me fasse perdre de vue l'intimité d'Henriette-Smith, qui me cause infiniment de peine, ou bien la crainte que j'ai qu'elle ne soit préjudiciable à toutes les deux. »

« Et moi, M. Knightley, je suis très-certaine que ni l'une ni l'autre n'auront lieu de s'en repentir. Avec tous les petits défauts qu'on reproche à ma chère Emma, c'est une excellente personne. Où trouverez-vous une meilleure fille, une sœur plus affectionnée, une meilleure amie ? Non, non; elle a des qualités sur lesquelles on peut compter; elle ne peut jamais donner de mauvais conseils, ni commettre de fautes essentielles; si Emma se trompe une fois, elle a en revanche raison cent fois. »

« Fort bien ! Je ne veux pas vous tourmenter plus long-temps. Emma est un ange, et je conserverai ma mauvaise humeur, jusqu'à ce que Noël amène Jean et Isabelle. Jean a pour Emma une affection raisonnable, par conséquent éclairée, et Isabelle pense toujours comme lui, excepté lorsqu'il n'est pas assez effrayé sur le compte de ses enfans; je suis certain qu'ils seront de mon opinion. »

« Je sais que vous l'aimez réellement trop pour être injustes, ou même désobligeans envers elle; mais je vous prie de m'excuser, M. Knightley, si je prends la liberté (je me considère encore à présent en possession du privilège de parler qu'aurait eu la mère d'Emma,) de vous dire que je ne crois pas qu'une discussion entre vous, sur l'intimité d'Henriette Smith, puisse produire aucun bien. Je vous prie de me pardonner ; mais supposant que cette intimité amène quelqu'inconvénient, on n'a pas lieu de s'attendre à ce qu'Emma, qui n'a de compte à rendre qu'à son père, qui l'approuve entièrement, la discontinue, tant qu'elle lui conviendra. Il y a long-temps que je suis en droit de donner des conseils ; vous ne pouvez pas être surpris, M. Knightley, si j'use d'un reste de la prérogative de mon ancien emploi. »

« Pas du tout, s'écria-t-il, je vous en remercie, votre conseil est bon, et il aura un meilleur sort que ceux que vous avez souvent donnés, car il sera suivi. »

« Madame Knightley s'alarme aisément, et pourrait craindre pour sa sœur. »

« Soyez sans inquiétude, dit-il, je ne sonnerai pas le tocsin. Je garderai ma mauvaise humeur pour moi-même. Je sens un vif intérêt pour Emma, elle est ma sœur autant qu'Isabelle et peut-être plus. On sent une anxiété, une curiosité sur le compte d'Emma. Dieu sait ce qu'elle deviendra ! »

« Je désirerais de tout mon cœur le savoir, dit doucement madame Weston.

« Elle déclare positivement qu'elle ne se mariera jamais, ce qui naturellement ne signifie rien du tout. Mais je ne crois pas qu'elle ait encore vu un homme qui lui convienne. Il lui serait avantageux de prendre de l'amour pour un homme qui ne laissât rien à désirer. Je voudrais voir Emma amoureuse, et incertaine si l'objet aimé répond à sa passion, cela lui ferait du bien ; mais il n'y a personne dans les environs qui puisse l'attacher, et puis elle sort si rarement. »

« Je ne vois véritablement personne qui puisse lui faire changer de résolution, quant à présent, dit madame Weston ; et puisqu'elle est si heureuse à Hartfield, je ne souhaite pas qu'elle contracte un lien qui causerait un mortel chagrin à ce pauvre M. Woodhouse. Quant à présent, je n'engagerai pas Emma à se marier, quoique je fasse un grand cas de l'union conjugale, je vous assure. »

Madame Weston, ici, fit tout son possible pour cacher à M. Knightley un plan favori qu'elle avait concerté avec son mari à ce sujet. On formait à Randalls des vœux sur la destinée d'Emma ; mais on désirait qu'on n'en soupconnût rien : et la transision soudaine que fit M. Knightley peu après, demandant : « Que pense Weston de ce temps-ci ; aurons-nous de la pluie ? » convainquit madame Weston qu'il n'avait plus rien à dire ou à soupçonner sur Hartfield.

CHAPITRE VI.

Emma n'avait pas le moindre doute qu'elle n'eût donné une nouvelle direction aux pensées d'Henriette, et qu'elle n'eût excité sa vanité naissante, comme elle le désirait ; car elle la trouva beaucoup plus convaincue qu'auparavant, que M. Elton était un très-bel homme, dont les manières étaient très-agréables ; elle tâcha, par toutes sortes de moyens, d'augmenter ces progrès, et se persuada que le penchant d'Henriette pour M. Elton était parvenu au point où elle le désirait. Quant à M. Elton, elle était certaine que s'il n'était pas déjà amoureux de Henriette, il ne tarderait pas à le devenir ; elle n'avait aucun doute à ce sujet. Il parlait d'Henriette, la louait avec tant de chaleur, que s'il manquait quelque chose à sa passion, un peu de temps suffirait pour compléter sa défaite. Une grande preuve de son attachement venait de ce qu'il s'était aperçu des progrès surprenans qu'avait faits Henriette dans ses manières, depuis son admission à Hartfield.

« Vous avez donné à mademoiselle Smith tout ce qui lui manquait, disait-il, vous lui avez communiqué la grâce et l'aisance qu'elle n'avait pas. Elle était très-belle à son arrivée à Hartfield; mais à mon avis, les perfections dont vous l'avez ornée, surpassent ce que la nature a fait pour elle. »

« Je suis très-flattée que vous pensiez que je lui aie été utile; mais Henriette n'avait besoin que d'être redressée et de recevoir quelques avis. Elle possédait une grâce naturelle, une douceur de caractère inexprimable et une naïveté enchanteresse : j'ai eu peu à faire. »

« S'il était permis de contredire une dame, dit très-galamment M. Elton, je lui ai peut-être donné un caractère plus décidé, et fait tourner ses idées vers des points qui ne s'étaient pas présentés à elle. »

« C'est précisément cela ; c'est ce qui excite mon admiration. Lui avoir, pour ainsi dire, donné un caractère décidé! Il fallait une main habile. »

« J'y ai pris un grand plaisir, je vous assure, je n'ai jamais trouvé de plus aimables dispositions. »

« Je n'en doute nullement »; et il dit cela avec une espèce de soupir animé qui sentait son amoureux. Emma fut encore plus satisfaite, un autre jour, de la manière avec laquelle il se prononça en faveur d'un désir qu'elle venait de former : c'était d'avoir le portrait d'Henriette. »

« Vous êtes-vous jamais fait peindre, Henriette? dit-elle, avez-vous jamais posé pour avoir votre portrait? »

Henriette était sur le point de sortir du salon; elle ne s'arrêta que pour dire avec une intéressante naïveté :

« Oh! mon Dieu, non. »

A peine fut-elle sortie, qu'Emma s'écria :

« Quelle délicieuse possession, que celle d'avoir le portrait d'Henriette! J'en donnerais tout l'argent qu'on m'en demanderait. J'ai presque envie d'essayer de le faire moi-même. Vous ne savez sans doute pas que j'avais, il y a deux ou trois ans, une grande passion pour la peinture; j'ai tâché de faire le portrait de plusieurs de mes amis : on me trouvait le coup d'œil juste; mais pour un sujet dont je vous parlerai tout à l'heure, je me dégoûtai de cette occupation et l'abandonnai entièrement. J'ai envie cependant de tenter l'aventure, si Henriette veut poser. »

« Quel plaisir d'avoir son portrait ! »

« Oh ! je vous en supplie, mademoiselle Woodhouse, s'écria M. Elton, ce serait, en vérité, délicieux ; je vous en prie en grâce d'exercer ce charmant talent, en faveur de votre amie. J'ai vu vos dessins. Comment pouviez-vous supposer que je fusse si ignorant ? Ce salon n'est-il pas orné de vos paysages et de vos fleurs ? Madame Weston n'a-t-elle pas à Randalls, dans la salle de compagnie, des portraits inimitables, sortis de vos mains ? »

Oui, brave homme, se disait Emma en elle-même ; mais qu'est-ce que tout cela a de commun avec la ressemblance? Vous êtes ignorant en peinture, voilà pourquoi vous me donnez des louanges. « Eh bien ! puisque vous avez la bonté de m'encourager, M. Elton, je crois que je vais essayer. Les traits d'Henriette sont très-délicats, ce qui rend la ressemblance difficile. Cependant il y a une particularité dans la forme de ses yeux et les lignes autour de sa bouche, qu'il est aisé de saisir. »

« C'est *exactement* cela. La forme de ses yeux et les lignes autour de la bouche. Je ne doute nullement que vous ne réussissiez. Je vous en prie, essayez. De la manière dont vous la ferez, ce sera, pour me servir de votre expression, une délicieuse acquisition. »

« Mais je crains, M. Elton, qu'Henriette ne veuille pas poser ; elle fait si peu de cas de sa beauté. N'avez-vous pas fait attention à la réponse qu'elle m'a faite? réponse qui signifiait, pourquoi ferait-on mon portrait? »

« Oh! certainement, j'y ai fait attention; cette réponse ne m'a point échappé, mais je pense néanmoins qu'il ne sera pas difficile d'obtenir son consentement. » Henriette, rentra un moment après, et on lui fit la proposition de poser pour son portrait. Les scrupules ne tinrent que quelques minutes contre les prières des deux autres. Emma, désirant commencer sur-le-champ, produisit le porte-feuille qui contenait les esquisses de ceux qu'elle avait eu dessein de faire, mais il n'y en avait pas un de fini, afin qu'on pût décider ensemble, de la largeur d'un cadre pour Henriette. Ses différens essais furent étalés. Portraits en pied, portraits à mi-corps, mignatures, pinceaux, crayons; couleurs à l'eau, tout avait été essayé. Elle eut toujours l'envie de tout faire, et elle avait obtenu plus de succès en peinture et en musique, qu'aucun autre n'eût pu le faire en n'y apportant que le peu de temps et d'application qu'elle pouvait prendre sur elle d'y mettre. Elle jouait, elle chantait, peignait dans tous les genres; mais elle manquait de constance et d'assiduité : c'est ce qui fit qu'elle n'arriva jamais, en rien, à ce degré de perfection qu'elle aurait bien voulu atteindre, et qu'il n'eût tenu qu'à elle d'obtenir. Elle ne se trompait pas elle-même sur ses talens en musique et en peinture, mais elle n'était pas fâchée que les autres se trompassent, ou de savoir que la réputation de ses talens était fort au-dessus de ce qu'elle méritait.

Aucun de ses dessins n'était sans mérite ; ceux qui étaient les **moins** finis en avaient peut-être plus que les autres. Son style était hardi ; mais soit que ses dessins eussent eu plus ou moins de mérite qu'ils n'en avaient, le plaisir et l'admiration de ses deux compagnons auraient été les mêmes: ils étaient en extase. La ressemblance plaît à tout le monde, et le travail de mademoiselle Woodhouse devait être sublime.

« Vous ne trouverez pas ici, dit Emma, une grande variété de figures. Je ne pouvais faire d'études que sur ma famille. Voici un portrait de mon père, un autre de ma sœur ; mais l'idée de poser pour son portrait affectait si singulièrement les nerfs de mon père, que je n'ai pu le saisir qu'à la dérobée. Aucun d'eux n'est ressemblant. Madame Weston, et madame Weston, encore et encore. Cette chère madame Weston ! toujours ma plus sincère amie en toute occasion, elle posait chaque fois que je l'en priais. Voici encore ma sœur; et véritablement c'est bien là son élégante petite figure! Ses traits sont assez ressemblans. Si elle eût voulu me donner plus de séances, j'aurais parfaitement attrapé la ressemblance; mais elle était si pressée d'avoir le portrait de ses enfans, qu'elle ne se donnait point de repos. Voici toutes les tentatives que j'ai faites pour en peindre trois sur quatre. Les voici : Henri, Jean et Bella. D'un bout de la feuille à l'autre, le portrait de l'un peut servir à l'autre. Elle avait tant d'empressement d'avoir ces portraits, que je ne pus lui refuser cette satisfaction; mais il est impossible que des enfans de trois à quatre ans puissent rester tranquilles, et puis il n'est pas aisé de saisir autre chose que l'air et la couleur, à moins que leurs traits ne soient extraordinairement prononcés. Voici le croquis du quatrième, qui était dans l'âge le plus tendre. Je l'ai saisi pendant qu'il dormait sur un sofa. Il est très-ressemblant. Sa tête se trouvait on ne peut mieux posée : c'est bien lui. Je suis très-contente de mon petit Georges. C'est une bonne chose que le coin d'un sofa. Voilà enfin mon dernier, il représente un monsieur d'une moyenne stature, en pied. Mon dernier est mon meilleur. Mon frère, M. Jean Knightley. Il était presque fini, lorsque je le mis de côté par boutade, et fis vœu de laisser là la peinture. Je ne pus m'empêcher de me mettre en colère; car après toutes les peines que j'avais prises, et avoir véritablement obtenu une parfaite ressemblance (madame Weston le pensait comme moi). Je l'avais fait un peu trop beau ; il était flatté, mais c'était pêcher du bon côté. Après tout cela ne voilà-t-il pas que ma pauvre chère sœur Isabelle vint donner son approbation de la manière suivante : Oui, cela lui ressemble un peu ; mais on ne l'a pas flatté ! Nous avions eu beaucoup de peine à l'engager à accorder quelques séances : il crut me faire une grande faveur. Je n'eus pas la patience de supporter tout cela, et ne voulus pas l'achever, de peur de forcer ma sœur à faire l'apologie d'une mauvaise ressemblance, à toutes les personnes qui lui rendent visite dans le Brunswick-squarre ; et comme je l'ai dit plus haut, je résolus d'abandonner la peinture. Mais pour Henriette, ou plutôt pour moi-même, comme il n'est pas question ici, quant à présent, de maris et de femmes, j'annulle mon vœu. »

M. Elton parut frappé et réjoui de

cette idée, et ne faisait que répéter : « Point de maris et point de femmes ici, à présent, à la vérité, comme vous l'observez. On voyait bien qu'il était pris par un sentiment intérieur, ce qui donna à Emma l'idée de les laisser seuls. Mais comme elle avait grande envie de dessiner, elle remit la déclaration à une autre fois.

Elle fut bientôt décidée sur le choix du cadre du portrait et sur la manière dont elle voulait le faire. Il devait être en grand, à la gouache, comme celui de M. Jean Knightley, et était destiné, si elle en était contente, à occuper une place honorable au-dessus de la cheminée.

La séance commença, et Henriette, souriant et rougissant, craignait de ne pas conserver assez bien son attitude et sa contenance : elle présentait aux yeux attentifs de l'artiste, un doux mélange de beauté et d'expression. Mais elle ne pouvait rien faire tant que M. Elton, frétillant derrière elle, venait à chaque instant examiner les coups de crayon qu'elle donnait. Elle lui sut gré d'avoir pris la meilleure position possible pour regarder Henriette tout à son aise ; mais elle fut forcée de le prier de changer de place. Elle songea ensuite à l'occuper à la lecture.

« S'il voulait avoir la bonté de lire, elle regarderait cette complaisance comme une faveur ; d'une part cela lui aiderait à surmonter les difficultés qu'elle pourrait rencontrer, et de l'autre, ferait oublier à Henriette l'incommodité de sa position. »

M. Elton s'estima heureux de lui obéir. Henriette écoutait et Emma dessinait en paix ; elle fut néanmoins obligée de lui permettre de temps en temps de venir donner un coup d'œil. On ne pouvait pas le trouver à redire dans un amoureux, et sitôt que le pinceau s'arrêtait, il faisait un saut pour venir regarder et admirer. Il était impossible de se fâcher contre un homme aussi encourageant, car son admiration lui faisait discerner une ressemblance avant qu'elle fût visible. Emma, quoiqu'elle n'approuvât point sa sagacité, rendait intérieurement justice à son amour et à sa complaisance.

Cette séance fut très-satisfaisante ; elle fut assez contente de l'esquisse, pour désirer de continuer. La ressemblance était assez bonne, l'attitude était heureuse, et comme elle avait l'intention d'améliorer un peu la figure, de relever la stature, et de la faire beaucoup plus élégante, elle se flattait de faire un très-joli portrait, qui remplirait la place qui lui était destinée, à la satisfaction de toutes deux, comme un monument constant de la beauté de l'une, du talent de l'autre et de leur mutuelle amitié, sans compter les agréables accessoires que l'attachement de M. Elton promettait d'y joindre. Henriette devait avoir une autre séance le lendemain, et M. Elton, comme il le devait, demanda la permission d'y être admis, pour faire la lecture.

« Sans contredit, nous nous estimerons fort heureuses que vous soyez de la partie. »

Les mêmes civilités, les mêmes salutations, ainsi que les succès et la satisfaction eurent lieu le lendemain, et pendant toutes les autres séances. Le portrait fut promptement et heureusement terminé. Tous ceux qui le virent le trouvèrent très-bien ; mais M. Elton en fut enchanté, et le défendit contre tous les critiques.

« Mademoiselle Woodhouse a donné à son amie la seule beauté qui lui manquait, lui observa madame Weston, ne soupçonnant nullement qu'elle s'adressait à un amoureux. L'expression des yeux est très-correcte ; mais mademoiselle Smith n'a pas de pareils sourcils, ni de pareils cils. Sa figure est cause qu'elle ne les a pas. »

« Vous le croyez ? répliqua-t-il, je ne suis pas de votre avis. Ce portrait me paraît de la plus exacte ressemblance. De ma vie je n'en ai vu une semblable. Il faut compter pour quelque chose l'effet des ombres. »

« Vous l'avez faite trop grande, Emma, dit M. Knightley. »

Emma savait qu'il avait raison, mais ne voulut pas en convenir, et M. Elton dit avec feu :

« Oh ! non, elle n'est certainement pas trop grande, pas du tout trop grande. Considérez qu'elle est assise, ce qui fait naturellement une différence, qui donne exactement l'idée ; et les proportions doivent être observées, vous le savez. Des proportions qui raccourcissent. Oh ! non, cela vous donne l'idée de la stature de mademoiselle Smith. Ce que je dis est exact ! »

« Il est très-joli, dit M. Woodhouse, si bien fait ! tel que tous vos dessins, ma chère. Je ne connais personne qui dessine aussi bien que vous. Il y a une seule chose que je n'aime pas dans ce portrait, c'est qu'elle paraît être assise hors de la maison, n'ayant qu'un petit schall sur les épaules, cela fait craindre qu'elle ne s'enrhume. »

« Mais, mon cher papa, on suppose que nous sommes en été, dans un beau jour d'été, regardez l'arbre. »

« Mais il n'est jamais sain de s'asseoir dehors, ma chère. »

« Il vous est permis de dire tout ce qui vous plaît, monsieur, mais j'avoue que je regarde comme une très-heureuse idée, celle de placer mademoiselle Smith dehors, et l'arbre est si bien touché! Aucune autre situation n'aurait pu convenir. La naïveté des manières de mademoiselle Smith, et le tout ensemble. Oh! tout est admirable! Je ne puis en détourner les yeux! Oh! il est très-admirable! Je n'ai jamais vu une ressemblance plus frappante. »

Maintenant il s'agissait d'avoir une bordure, et cela n'était pas aisé. D'abord il fallait l'avoir dans le plus bref délai, et la tirer de Londres. On n'en pouvait donner l'ordre qu'à une personne intelligente, sur le bon goût de laquelle on pût compter, et Isabelle, la commissionnaire ordinaire de la maison, ne pouvait pas s'en charger, parce qu'on était dans le mois de décembre, et que M. Woodhouse ne pouvait supporter l'idée qu'elle s'exposât, en sortant de la maison, aux brouillards du mois de décembre. Mais aussitôt que M. Elton eut connaissance de cet embarras, il y remédia. Sa galanterie le rendait toujours alerte. S'il pouvait être chargé de cette commission, quel plaisir il aurait à s'en acquitter ! Il pouvait se rendre à cheval à Londres, quand on le voudrait. Il était impossible de dire la satisfaction qu'il éprouverait si on le chargeait de cette commission.

« Vous êtes trop bon ! Je ne puis le souffrir, dit Emma ; pour rien au monde je ne voudrais vous en donner une aussi désagréable. » Cette réponse amena la répétition attendue, de nouvelles prières, et l'affaire fut arrangée en un instant. »

M. Elton devait porter le tableau à Londres, choisir la bordure et donner tous les ordres nécessaires. Emma crut pouvoir l'empaqueter de manière à ce qu'il ne courût aucun risque, et qu'il ne l'incommodât pas trop. Lui, au contraire, craignait de ne pas l'être assez. « Quel précieux dépôt! dit-il, avec un tendre soupir, en le recevant. »

« Cet homme est presque trop galant pour être amoureux, pensa Emma. Je le dirais, si ce n'était que je suppose qu'il y a cent différentes manières d'être amoureux. C'est un excellent jeune homme, il conviendra parfaitement à Henriette ; ce sera un *exactement cela*, comme il dit souvent lui-même. Mais il soupire, prend un air langoureux, et s'étudie à faire des complimens plus que je ne voudrais, si la chose me regardait. J'en ai cependant reçu ma bonne part, en ma qualité de confidente; mais c'était par reconnaissance, et à cause d'Henriette. »

CHAPITRE VII.

Le même jour que M. Elton partit pour Londres, fournit une nouvelle occasion à Emma d'obliger son amie. Henriette, suivant sa coutume, s'était rendue à Hartfield, après déjeûner, et quelque temps après elle s'en retourna à la maison, avec promesse d'y revenir dîner. Son retour fut plus prompt qu'elle ne l'avait fait espérer ; elle avait dans les yeux un empressement, une agitation qui annonçaient qu'il lui était arrivé quelque chose d'extraordinaire, qu'elle avait grande envie de dévoiler, ce qu'elle fit, en effet, une minute après. On lui dit au moment de son arrivée chez madame Goddard, qu'il y avait une heure que Martin y était venu, et que ne la trouvant pas à la maison, et apprenant qu'on n'était pas certain de son retour, il avait laissé un paquet qu'une de ses sœurs lui envoyait, après quoi il était parti. En ouvrant ce paquet, elle y avait trouvé, outre deux chansons qu'elle avait prêtées à Elisabeth, pour les copier, une lettre qui lui était adressée. Cette lettre était de M. Martin, et contenait une proposition de mariage.

Qui l'aurait cru ! Elle fut si surprise, qu'elle ne savait que penser. Oui, une proposition de mariage ; et une très-jolie lettre, du moins elle le croyait. Il écrivait comme s'il aimait véritablement. Elle ne savait qu'en penser ; c'est pourquoi elle était venue en hâte demander à mademoiselle Woodhouse ce qu'elle devait faire. Emma fut presque honteuse de voir son amie balancer entre le plaisir et le doute.

« Sur ma parole, s'écria-t-elle, si ce jeune homme ne réussit pas, ce ne sera pas faute de demander ce qu'il désire ; il veut contracter une bonne alliance, s'il le peut. »

« Voulez-vous lire la lettre, dit Henriette ? Je vous en prie, lisez-là, vous m'obligerez. »

Emma n'était pas fâchée qu'on la pressât. Elle lut et fut surprise ; elle ne s'attendait pas à un pareil style. Non-seulement il n'y avait pas de faute de langue, mais un homme comme il faut n'aurait pas désavoué cette lettre. Les expressions, quoique peu recherchées, étaient fortes, sans affectation, et les sentimens qu'elle annonçait faisaient honneur à son auteur. Elle était courte, mais pleine de bon sens, d'attachement, de générosité et même de délicatesse. Elle réfléchit, et Henriette attendait avec impatience, ce qu'elle en pensait, criant : Fort bien ! fort bien ! et fut à la fin forcée de dire : La lettre est-elle bonne ? ou : Est-elle trop courte ? « Oui, en vérité, la lettre est très-bonne, répliqua lentement Emma, elle est si bonne que je suis persuadée qu'une de ses sœurs est venue à son secours. Je ne puis concevoir que le jeune homme qui vous parlait l'autre jour, puisse s'exprimer aussi bien sans secours, et cependant ce n'est pas le style d'une femme ; il est trop fort, trop concis, et pas assez diffus pour une femme. Il n'y a pas de doute, c'est un homme sensé, il a de l'esprit naturel, pense d'une manière forte et claire, et qui lorsqu'il prend une plume trouve des mots convenables. Il existe de ces gens-là, vigoureux, décidés, ayant des sentimens, qui, jusqu'à un certain point, ne sont pas grossiers. Cette lettre, Henriette, (en la lui rendant) vaut mieux que je ne m'y attendais. »

« Fort bien ! dit Henriette, toujours dans l'attente d'une réponse, fort bien ! Mais que dois-je faire ? »

« Ce que vous devez faire ! Sur quoi ? Est-ce au sujet de la lettre ? »

« Oui. »

« Mais, quel doute pouvez-vous avoir ? Il faut y répondre, et le plus tôt possible. »

« Oui, mais que lui dirai-je ? ma chère demoiselle Woodhouse, dites-moi votre avis. »

« Oh ! non, non ! la lettre doit être entièrement de vous. Je suis persuadée que vous vous en tirerez à merveille. Les expressions dont vous vous servirez seront, je n'en doute point, claires et précises, ce qui est le plus essentiel. Votre intention doit être exprimée en termes non équivoques, qui ne puissent donner lieu à aucun doute, à aucune conjecture. La phrase que vous emploierez pour témoigner d'une manière polie votre reconnaissance et vos regrets, se présentera d'elle-même à votre esprit, j'en suis certaine. Je ne crois pas que vous deviez lui donner à croire que vous sentez le moindre déplaisir de ce qu'il s'est trompé dans son attente. »

« Vous pensez donc que je dois le refuser ? dit Henriette, les yeux baissés. »

« Si vous devez le refuser ! Que voulez-vous dire, ma chère Henriette ? Avez-vous le moindre doute à ce sujet ? Je pensais..... mais je vous demande pardon, peut-être me suis-je trompée. Je ne vous ai certainement pas comprise, si vous avez quelque doute quant à la manière de répondre à sa lettre. J'ai cru que vous me consultiez seulement sur les expressions. » Henriette garda le silence, Emma continua, avec un peu de circonspection :

« Votre intention est certainement de faire une réponse favorable ? »

« Non, je n'ai pas cette intention-là, c'est-à-dire, je ne pense pas.... Mon Dieu ! que dois-je faire ? Je vous en supplie, ma chère demoiselle Woodhouse, que me conseillez-vous ? »

« Je ne vous donnerai aucun conseil, Henriette, je ne veux pas me mêler de cette affaire. C'est à votre cœur à décider. »

« Je ne savais pas qu'il m'aimât tant, » dit Henriette, en regardant sa lettre. Emma garda le silence pendant quelque temps ; mais craignant que la flatterie enchanteresse de la lettre ne fût trop puissante, elle crut devoir dire :

« Je regarde comme une règle générale, que lorsqu'une femme est dans le doute, si elle doit accepter un homme ou non, elle doit le refuser ; si elle hésite à dire oui, elle doit sur-le-champ dire non. On ne doit pas contracter un pareil lien avec des sentimens et un cœur divisés. J'ai cru qu'étant votre amie et plus âgée que vous, je pouvais vous dire cela ; mais ne croyez pas que mon intention soit de chercher à vous influencer. »

« Oh ! non, vous êtes trop bonne pour.... mais me dire ce que je dois faire... non, non... ce n'est pas cela ; car, comme vous dites, il faut prendre sa résolution soi-même. On ne doit pas hésiter. C'est une affaire très-sérieuse. Je ferais mieux de dire non.

Peut-être. Croyez-vous que je ferais mieux de dire non ?

« Pour rien au monde, dit Emma, en souriant avec grâce, je ne voudrais vous conseiller de dire oui ou non. C'est à vous à juger ce qui convient le mieux à votre bonheur. Si vous préférez M. Martin à tout autre, si vous le croyez l'homme le plus agréable que vous ayez jamais vu, pourquoi hésiteriez-vous ? Vous rougissez, Henriette songeriez-vous par hasard à quelqu'un qui lui fût préférable. Henriette, Henriette, ne vous abusez pas, ne vous laissez pas entraîner par la reconnaissance et la compassion. A qui pensez-vous dans ce moment ? »

Les symptômes étaient favorables. Au lieu de répondre, Henriette se tourna vers le feu, confuse et pensive; et quoiqu'elle eût encore la lettre, elle la tortillait machinalement autour de ses doigts, sans y faire aucune attention. Emma attendait avec impatience, mais non sans espérance, le résultat de cette scène. Enfin, avec une espèce d'hésitation, Henriette dit :

« Mademoiselle Woodhouse, puisque vous ne voulez pas me dire votre opinion, il faut que je me conduise du mieux qu'il me sera possible. Je me suis tout à fait déterminée, et je suis presque résolue à refuser M. Martin. Pensez-vous que je fasse bien ? »

« Parfaitement bien, ma chère Henriette, c'est justement ce que vous devez faire. Tant que vous avez hésité, j'ai gardé mon opinion en moi-même, mais maintenant que vous êtes tout à fait décidée, je puis vous la communiquer, en vous approuvant. Ma chère Henriette, je m'en félicite. J'aurais senti un vif chagrin de vous avoir perdue, ce qui serait nécessairement arrivé, si vous eussiez épousé M. Martin. Tant que vous avez témoigné le moindre degré d'hésitation, je me suis tue, parce que je ne voulais vous influencer en rien, mais j'étais singulièrement affectée. Je craignais de perdre une amie. Je n'aurais pu rendre visite à madame Robert Martin, d'Abbey-Millfarm. Maintenant je suis sûre de vous pour toujours.

Henriette n'avait pas songé à un pareil danger, et l'idée de l'avoir couru la frappa vivement.

« Vous n'auriez pu me rendre visite ! dit-elle d'un air effaré. Certainement non, vous ne le pouviez pas; je n'y avais pas pensé : cela aurait été terrible !

« Je l'ai échappé belle ! Ma chère demoiselle Woodhouse, pour tout au monde, je ne me priverais pas de l'honneur et du plaisir de votre société. »

« En vérité, Henriette, cette séparation m'aurait été bien sensible ; mais elle devenait inévitable. Vous étant retirée de la bonne société, j'aurais été forcée de vous abandonner. »

« Mon Dieu ! comment aurais-je pu le supporter ! Je serais morte de chagrin de ne plus venir à Hartfield. »

« Chère petite amie ! vous bannie à Abbey-Millfarm ! Vous réduite à la société de gens illettrés et grossiers, et cela pour la vie !... Je suis surprise que ce jeune homme ait eu l'audace de vous le proposer. Il faut qu'il ait une grande opinion de lui-même. »

« Je ne crois pas qu'en général il s'en fasse accroire, dit Henriette, sa conscience s'opposant à laisser passer cette censure : je suis certaine qu'il est d'un bon naturel ; je lui aurai toujours beaucoup d'obligations et je lui voudrai du bien toute ma vie ; mais c'est tout à fait différent de...; et vous savez bien que, quoiqu'il m'aime, ce n'est pas une raison pour que je l'aime aussi; et je dois avouer que, depuis que je fréquente votre maison, j'ai vu des gens...; et si l'on examinait leurs manières et leurs personnes, oh! il n'y aurait pas de comparaison à faire. L'un d'eux surtout est si bel homme, si agréable! Cependant je ne puis m'empêcher de reconnaître monsieur Martin pour un très-aimable jeune homme, et j'en ai une très-bonne opinion; et puis l'attachement qu'il a pour moi, et m'avoir écrit une si jolie lettre. Mais, quant à vous quitter, aucune considération quelconque ne me le ferait faire. »

« Grand merci, grand merci, ma douce petite amie; nous ne nous séparerons pas. Une fille n'est pas obligée d'épouser un homme, par cela seul qu'il la demande en mariage, ou parce qu'il lui est attaché et lui écrit une lettre passable. »

« Oh! non; et cette lettre était très-courte. »

Emma sentit que son amie avait le goût mauvais; mais elle ne le lui fit pas connaître, et répondit seulement que c'était très-vrai, et qu'elle pensait que ce serait une triste consolation pour elle, en supportant, pendant toutes les heures de la journée, les manières grossières de son mari, de savoir qu'il était en état d'écrire une lettre passable.

« Oh! certainement personne ne se souciait d'une lettre : le grand point était d'être heureuse au milieu d'une société choisie. Je suis tout à fait déterminée à le refuser. Mais comment le ferai-je ? Que dirai-je ? »

Emma lui assura qu'elle n'aurait aucune difficulté à faire cette réponse, et lui conseilla de la faire sur-le-champ : elle y consentit, comptant sur son assistance ; et Emma, continuant toujours à lui dire qu'elle n'en avait pas besoin, la lui donnait véritablement à chaque sentence. En relisant cette lettre, pour y répondre, son cœur s'attendrit tellement, qu'Emma crut qu'il était nécessaire de lui remonter l'imagination par des expressions décisives; et elle était si peinée de l'idée de le rendre malheureux, de ce que sa mère et ses sœurs diraient et penseraient d'elle, et craignait tellement de passer dans leur esprit pour une ingrate, qu'Emma crut que, si Martin se fût présenté à elle dans ce moment, il aurait été accepté.

Cependant la réponse fut écrite, cachetée et envoyée. L'affaire fut terminée, et Henriette en sûreté. Pendant toute la soirée elle fut abattue et pensive ; mais Emma lui passa ses aimables regrets, les divertit souvent en parlant de leur affection mutuelle ; et quelquefois en ramenant ses idées sur M. Elton : « Je ne serai plus invitée à l'Abbey-Millfarm, dit Henriette d'un ton douloureux. »

« Et quand vous seriez invitée, mon Henriette, pourrais-je me séparer de vous? Vous êtes trop nécessaire à Hartfield, pour vous laisser aller à l'Abbey. »

« Et moi, je vous assure que je n'ai pas la plus petite envie d'y aller, car je ne me trouve heureuse qu'à Hartfield. »

Un moment après, elle dit : « Si madame Goddard savait ce qui vient de se passer, elle serait bien surprise. Mademoiselle Nash le serait certainement, elle qui pense que sa sœur a fait un très-bon mariage, quoiqu'elle n'ait épousé qu'un marchand de draps. »

« On serait fâché de voir une sous-maîtresse d'école afficher plus d'orgueil ou de prétentions. Je suis persuadée, Henriette, que mademoiselle Nash vous envîrait un mariage comme celui que vous refusez. Cette conquête aurait un grand prix à ses yeux. Je ne suppose pas qu'on soupçonne pour vous rien de supérieur à cela. Les attentions d'une certaine personne ne font pas encore le sujet des caquets à Highbury. Je m'imagine que jusqu'à présent vous et moi sommes les seules à qui ses regards et ses manières aient expliqué ses sentimens. »

Henriette rougit, sourit, et dit quelque chose sur la surprise où elle était qu'on l'aimât tant. »

L'idée de M. Elton lui plaisait infiniment; mais peu après, néanmoins son cœur s'attendrit de nouveau pour le pauvre M. Martin, quoiqu'elle l'eût rejeté. »

« Maintenant il a ma lettre, dit-elle à voix basse ; je voudrais bien savoir ce qu'ils font tous : si ses sœurs sont informées s'il est malheureux, elles le seront aussi ; je me flatte que son chagrin ne sera pas si violent. »

« Ne pensons qu'à nos amis absens, qui sont plus agréablement occupés, s'écria Emma. En ce moment peut-être M. Elton montre votre portrait à sa mère et à ses sœurs, leur persuadant que l'original est infiniment plus beau, et se fait demander cinq à six fois votre nom chéri, avant que de le leur dire. »

« Mon portrait ! Mais il l'a laissé dans Bond-Street. — Vous le croyez ? Je ne connais donc pas M. Elton ? »

« Non, ma modeste petite Henriette, soyez bien sûre que votre portrait n'ira dans Bond-Street qu'au moment où M. Elton montera à cheval pour s'en revenir. Ce soir, il lui tiendra compagnie; il fera son bonheur, sa consolation. Il lui servira à faire part de ses desseins à sa famille; il vous introduira au milieu de ses proches, et leur procurera ces sensations si naturelles et si agréables, la curiosité et une possession anticipée. Combien leur imagination travaille! Qu'ils sont animés, joyeux, vifs! Henriette sourit, et son sourire devint plus marqué. »

CHAPITRE VIII.

Henriette passa cette nuit-là à Hartfield. Depuis quelques semaines elle y passait plus de la moitié de son temps, et graduellement on lui appropria une chambre à coucher : Emma jugea à propos, comme le plus sûr et le plus amical, de la retenir, quant à présent, aussi long-temps qu'elle le pouvait chez elle. Elle devait se rendre, le jour suivant, chez madame Goddard pour une ou deux heures : c'était pour prendre des arrangemens, et annoncer qu'elle resterait quelques jours à Hartfield, sans retourner à Highbury. Après son départ, M. Knightley arriva, et resta quelque temps avec M. Woodhouse et Emma, jusqu'à ce que M. Woodhouse, qui s'était décidé à faire son tour de promenade fût prié par sa fille de ne pas le différer et y fût engagé par tous les deux malgré les scrupules qu'il sentait d manquer à sa civilité ordinaire, et quittant M. Knightley. M. Knightley qui n'avait rien de cérémonieux er lui, formait un contraste parfait, pa ses réponses courtes et décidées, aux longues apologies et aux doutes civils de M. Woodhouse.

« Fort bien, M. Knightley, si vous voulez bien me le permettre, si vous me pardonnez mon impolitesse, je suivrai le conseil d'Emma, et me promènerai pendant un quart d'heure. Comme il fait soleil, je crois que je ferai bien de faire mes trois tours de promenade, tandis que je le puis. Je vous traite sans cérémonie, M. Knightley. Nous autres invalides nous sommes privilégiés. »

« Mon cher monsieur, ne me regardez pas comme étranger. »

« Je vous laisse un excellent substitut dans ma fille; Emma aura beaucoup de plaisir à vous tenir compagnie. C'est pourquoi je vous prie de recevoir mes excuses, et je vais faire mes trois tours, ma promenade d'hiver. »

« Vous ne sauriez mieux faire, monsieur. »

« Je vous aurais prié de m'accompagner, M. Knightley; mais je marche lentement, mon pas vous ennuierait, et d'ailleurs vous avez une autre longue promenade pour vous rendre à l'abbaye de Donwell. »

« Je vous remercie, monsieur, je vais me retirer dans un instant ; et je pense que le plus tôt que vous partirez pour votre promenade, ce sera le mieux. Je vais vous chercher votre redingote, et vous ouvrir la porte du jardin. »

M. Woodhouse partit enfin; mais M. Knightley, au lieu de partir aussi, se remit sur sa chaise, paraissant avoir envie de causer. Il commença par parler d'Henriette, et il en parla avec plus de louanges qu'à son ordinaire, ce qui surprit Emma.

« Je ne mets pas un si haut prix que vous à sa beauté, dit-il : mais c'est une jolie petite créature, et je suis porté à croire qu'elle a d'heureuses dispositions : son caractère dépend des personnes qu'elle fréquente; mais en bonne main, elle deviendra une excellente femme. »

« Je suis charmée que vous pensiez ainsi; et quant aux bons avis, je me flatte qu'ils ne lui manqueront pas. »

« Allons, je vois que vous vous attendez à un compliment, ainsi, je vous avouerai que je pense que vous l'avez perfectionnée; vous l'avez guérie de cette manière absurde de ricanner qu'ont toutes les petites écolières. Véritablement elle vous fait honneur. »

« Je vous en remercie. J'aurais été très-mortifiée, si j'avais pu penser que je ne lui avais été d'aucune utilité, mais il n'est pas donné à tout le monde, de louer les gens qui le méritent. Vous n'êtes pas accoutumé à me gâter de ce côté-là. »

« Vous l'attendez, dites-vous, ce matin ? »

« A tout moment, elle devrait être de retour. »

« Elle aura été arrêtée par quelques affaires, une visite peut-être. »

« Commérage d'Highbury ! ennuyeuses créatures! »

« Henriette ne regarde pas comme

ennuyeuses les personnes qui le seraient pour vous. »

Emma savait qu'il disait vrai, et par conséquent elle ne pouvait le contredire ; c'est pourquoi elle garda le silence. Peu à peu, il ajouta en souriant :

« Je ne prétends pas fixer de temps ni de lieu ; mais je dois vous dire que j'ai de bonnes raisons de croire que votre petite amie recevra bientôt des nouvelles avantageuses. »

« En vérité ! Comment cela ? et de quelle espèce ? »

« D'une espèce très-sérieuse, je vous assure, continua-t-il en riant. »

« Très-sérieuse ! Je ne puis avoir là-dessus qu'une seule idée. Qui est amoureux d'elle ? Qui vous a fait son confident ? »

Emma espérait que M. Elton se serait peut-être ouvert à M. Knightley, comme étant l'ami et le conseiller de tout le monde ; et elle savait que M. Elton avait beaucoup de respect pour lui.

« J'ai lieu de croire, poursuivit-il, qu'Henriette Smith recevra des propositions de mariage, et de la part d'une personne contre laquelle on ne peut faire la moindre objection. Robert Martin est la personne en question. La visite qu'elle a faite, l'été dernier, à Abbey-Mill, a causé sa défaite ; il l'aime à la folie et désire l'épouser. »

« Il est bien obligeant, dit Emma ; mais est-il certain qu'Henriette le désire pour époux ? »

« Eh bien ! il désire s'offrir pour époux ; cela vous satisfait-il ? Il s'est rendu à l'abbaye il y a deux jours, pour me consulter à ce sujet. Il sait que j'ai beaucoup d'estime pour lui et pour toute sa famille, et je crois qu'il me regarde comme un de ses meilleurs amis. Il venait me demander si je ne croyais pas qu'il fût imprudent à lui de se marier de si bonne heure ; si je ne pensais pas que sa future fût trop jeune : enfin, si j'approuvais son choix; craignant peut-être qu'on pût la considérer, surtout depuis que vous l'aviez admise dans votre intimité, comme tenant dans la société un rang au-dessus de lui. Je fus très-satisfait de tout ce qu'il me dit. Jamais personne ne montra plus de bons sens que Robert Martin. Tout ce qu'il dit fut dit à propos : il est franc, va droit son chemin, et est doué d'un bon jugement. Il me fit une entière confidence, de sa situation et de ses projets, et de tout ce que sa famille se proposait de faire à l'occasion de ce mariage. C'est un excellent jeune homme, bon fils et bon frère. Je n'eus aucune difficulté à lui conseiller de s'établir, lorsqu'il m'eut prouvé qu'il en avait les moyens; j'étais convaincu qu'il ne pouvait rien faire de mieux. Je fis aussi l'éloge de la future, et le renvoyai très-satisfait. Quand bien même il n'aurait pas eu une grande opinion de mes talens, avant ce temps-là, je suis persuadé qu'alors il en avait une excessive, et que lorsqu'il quitta la maison, il fut convaincu que j'étais le meilleur ami et le meilleur conseiller qu'il eût dans le monde.

« Ce fut avant-hier au soir que cela arriva. Maintenant, comme nous pouvons raisonnablement supposer qu'il ne perdra pas beaucoup de temps à en parler à la demoiselle, et comme il paraît qu'il ne l'a pas fait hier, il est probable qu'il est aujourd'hui chez madame Goddard, et qu'Henriette est retenue par une visite qu'elle ne regardera pas comme ennuyeuse. »

« Je vous prie, M. Knightley, dit Emma, qui avait presque toujours ri sous cape, pendant la meilleure partie de son discours, ayez la bonté de me dire comment vous savez que M. Martin n'a pas parlé hier ? »

« Certainement, répliqua-t-il, surpris, je n'en suis pas sûr; mais j'ai lieu de le croire. N'a-t-elle pas passé toute la journée avec vous ? »

« Allons, dit-elle, je veux vous dire quelque chose, en récompense de ce que vous avez bien voulu me communiquer. Il a parlé hier, du moins il a écrit, et a été refusé. »

On fut obligé de le lui répéter, avant qu'il pût le croire ; le feu lui monta à la figure de surprise et de déplaisir; il se leva avec indignation et dit : « Elle est donc plus idiote que je ne l'aurais cru ; à quoi pense cette folle ? »

« Oh ! certainement, s'écria Emma, il est toujours incompréhensible à un homme qu'une femme puisse jamais refuser une offre de mariage. Un homme s'imagine qu'une femme est toujours prête d'accepter le premier qui la demandera. »

« Galimatias ! Aucun homme n'a de telles idées. Mais qu'est-ce que tout cela signifie ? Henriette Smith refuser Robert Martin ? C'est une folie, si elle l'a fait ; mais je me flatte qu'on vous a trompée. »

« Je l'ai vu hier, rien n'est plus clair. »

« Vous avez vu sa réponse ! Vous l'avez écrite vous-même. Emma, c'est votre ouvrage, vous lui avez persuadé de le refuser. »

« Et si je l'avais fait, ce que néanmoins je suis loin d'avouer, je ne me croirais pas coupable. M. Martin est un très-honnête jeune homme ; mais je ne le crois pas l'égal d'Henriette ; et je suis en vérité très-surprise qu'il ait osé lui faire la cour. D'après ce que vous me dites, il paraît qu'il a eu des scrupules, c'est bien dommage qu'il les ait surmontés. »

« Il n'est pas l'égal d'Henriette ! s'écria M. Knightley avec chaleur, d'un ton élevé ; et il ajouta avec une aspérité plus calme : Non, il n'est pas son égal ; car il est autant son supérieur en jugement qu'il l'est en fortune. Emma, votre prédilection peu sensée pour cette jeune fille vous a aveuglée. Quelles prétentions peut avoir Henriette Smith, soit par rapport à sa naissance ou son éducation, à une alliance supérieure à celle de Robert Martin ? Elle est fille naturelle d'on ne sait qui, et probablement sans qu'on lui ait assuré une pension ; ses parens sont sans doute des gens du commun. Elle n'est connue que comme pensionnaire dans une petite école. Cette fille n'a ni jugement, ni instruction. On ne lui a rien enseigné d'utile, et elle est trop jeune et trop simple pour avoir rien appris d'elle-même. A son âge, elle ne peut avoir d'expérience, et le peu d'esprit qu'elle a, annonce qu'elle n'en aura jamais davantage. Elle est jolie, elle a un bon caractère, et voilà tout. Le seul scrupule qui pouvait m'empêcher de conseiller ce mariage à Martin, était par rapport à lui, comme au-dessous de ce qu'il méritait, et une mauvaise alliance pour lui. Je sentais que pour la fortune, il pouvait certainement trouver mieux, et que quant à une compagne raisonnable et utile, il ne pouvait pas trouver pis. Mais il était inutile de raisonner ainsi avec un homme amoureux, qui se fiait aux bonnes dispositions de son amante, en qui il n'en connaissait pas de mauvaises, et qui espérait qu'en d'aussi bonnes mains que les siennes, elle tournerait à bien. J'étais persuadé que tout l'avantage était du côté de la jeune fille, et je n'avais pas le moindre doûte, (je ne l'ai pas encore à présent,) que tout le monde n'ait été surpris de sa bonne fortune. Je comptais même sur la satisfaction que vous en auriez. Il me passa alors par la tête que vous n'auriez aucun regret de son départ d'Highbury, en la voyant si bien pourvue. Je me rappelle que je me disais à moi-même : Il n'y a pas jusqu'à Emma qui ne croie qu'elle a fait un bon mariage. »

« Je suis extrêmement surprise que vous connaissiez si peu Emma, pour parler comme vous faites. Comment !

croire qu'un fermier (et avec tout son jugement et son mérite,) M. Martin n'est pas autre chose) soit un mariage avantageux pour mon intime amie ! Que je ne doive pas regretter son départ d'Highbury pour épouser un homme que je ne pourrais jamais admettre chez moi ! Je suis étonnée que vous me supposiez de pareils sentimens. Je vous assure que j'en ai de bien différens. Je ne crois pas que vous établissiez la question comme elle doit l'être. Vous êtes injuste à l'égard des prétentions d'Henriette. Tout le monde en conviendra ainsi que moi : M. Martin peut être le plus riche des deux ; mais il lui est certainement inférieur par le rang qu'elle tient dans la société. La sphère dans laquelle elle se meut est au-dessus de la sienne. Elle se dégraderait. »

« Une bâtarde ignorante se dégraderait en épousant un respectable et intelligent fermier qui a des propriétés ! »

« Quant à sa naissance, quoique, dans un sens légal, elle ne soit rien, le sens commun fait qu'elle est quelque chose. Elle ne doit pas être punie des fautes des autres, et ce n'est pas la sienne si on la place au-dessous des personnes avec lesquelles elle est élevée. Il n'y a certainement pas de doute qu'elle ne soit la fille d'un homme comme il faut et riche. On paie pour elle une pension libérale, et on n'épargne rien pour son éducation et sa toilette : il m'est démontré qu'elle est fille d'un gentilhomme, et personne ne niera sans doute qu'elle ne fréquente pas des filles de gentilshommes. Elle est au-dessus de M. Martin. »

« Que ses parens soient ce que vous voudrez, qui que ce soit qui ait été chargé d'elle, il ne paraît pas qu'on ait eu l'intention qu'elle fût introduite parmi ce que vous appellez la bonne société. Après avoir reçu une mince éducation, on la laisse entre les mains de madame Goddard, pour devenir ce qu'elle pourra; vivre comme elle, et voir la même compagnie que celle que fréquente madame Goddard. Ses parens pensaient que cela suffisait pour elle, et certes ils avaient raison. Elle n'en désirait pas davantage; jusqu'au temps où vous vous êtes mis dans la tête d'en faire votre amie, elle n'avait aucun dégoût pour ses pareils, ni l'ambition de se mettre au-dessus d'eux. Elle était ausi heureuse que possible, l'été passé, chez les Martin; elle n'avait alors aucune idée de supériorité sur eux : et si elle en a à présent, c'est à vous qu'elle le doit. Vous n'avez pas été la véritable amie d'Henriette, Emma.

Robert Martin ne se serait pas offert, s'il n'avait pas été persuadé qu'elle avait quelque inclination pour lui. Je le connais bien. Il a trop de jugement pour s'être adressé à une femme au hasard, et par la seule raison qu'il était amoureux d'elle. Et quant au reproche que vous lui faites de s'en faire accroire, personne n'est plus exempt de ce défaut que lui. Soyez certaine qu'il a reçu des encouragemens. »

Il convenait à Emma de ne pas répondre d'une manière directe à cette assertion ; elle crut prudent de poursuivre la même ligne de défense qu'elle avait employée.

« Vous êtes bien attaché à M. Martin; mais, comme je vous l'ai déjà dit, vous êtes injuste envers Henriette. Les prétentions qu'a Henriette à un bon mariage ne sont pas si méprisables que vous vous l'imaginez. Elle n'est pas instruite, mais elle est plus sensée que vous ne le croyez; et son jugement ne mérite pas qu'on en parle comme vous le faites. Passons là-dessus, et supposons avec vous qu'elle n'ait que de la **beauté** et un bon naturel ; permettez-moi de vous dire qu'au degré où elle possède ces deux qualités, ce ne sont pas de petites recommandations aux yeux de tout le monde en général ; car elle est en effet très-belle fille, et paraîtra telle à quatre-vingt-dix-neuf personnes sur cent; et jusqu'à ce que les hommes deviennent plus philosophes au sujet de la beauté qu'on ne les en suppose capables, jusqu'à ce qu'ils deviennent amoureux de l'esprit des femmes plutôt que de leur beauté, une fille aussi aimable qu'Henriette est très-sûre d'être admirée, recherchée, et d'avoir le choix sur plusieurs, par conséquent elle a le droit de faire la difficile. Son bon naturel peut aussi lui donner des prétentions d'autant mieux fondées, qu'elle joint à cette qualité une douceur de caractère et des manières peu communes, une très-humble opinion d'elle-même, et qu'elle est disposée à trouver tout le monde parfaitement bien. Je me trompe beaucoup, si votre sexe en général ne croyait pas qu'une beauté comme la sienne, avec un pareil caractère, ne soient pas les meilleures prétentions qu'une femme puisse avoir. »

« Sur ma parole, Emma, à vous entendre vous servir de votre raison comme vous le faites, je serais presque tenté de penser comme vous. Il vaudrait mieux n'avoir pas de jugement, que d'en faire un pareil usage. »

« Vous avez raison, s'écria-t-elle en riant ; je connais les sensations qui vous gouvernent tous. Je sais qu'une fille comme Henriette est justement ce que les hommes idolâtrent, une fille qui enchante leurs sens, et satisfait leur jugement. Oh! Henriette est faite pour choisir. Et vous-même, si vous deviez jamais vous marier, ce serait la femme qui vous conviendrait. Et doit-elle, à dix-sept ans, entrant dans le monde, à peine connue, exciter la moindre surprise, parce qu'elle n'accepte pas la première offre qu'on lui fait? Je vous en prie, donnez-lui le temps de se reconnaître. »

« J'ai toujours regardé cette intimité comme une folie, dit M. Knightley, quoique je n'en ai rien dit ; mais à présent je m'aperçois qu'elle deviendra très-nuisible à Henriette: vous la rendrez si fière de sa beauté, et des grandes prétentions auxquelles elle a droit, que bientôt aucun de ceux qu'elle voit autour d'elle ne seront dignes de l'approcher. La vanité, opérant sur une tête faible, ne peut faire que du mal. Il n'y a rien de si aisé pour une jeune fille que d'avoir de trop grandes prétentions. Il serait possible que mademoiselle Smith ne reçût pas beaucoup de propositions de mariage, quoiqu'elle soit une très jolie fille. Les hommes sensés, quoique vous en disiez, ne prennent pas de niaises pour femmes. Les jeunes gens de bonne famille n'aimeraient pas à s'allier avec une fille aussi obscure, et ceux qui sont prudens craindraient de s'exposer au désagrément de voir un jour le mystère de sa parenté se découvrir. Qu'elle épouse Robert Martin, et elle assure son bonheur à jamais. Mais si vous lui faites espérer qu'elle se mariera à un grand personnage, que vous lui fassiez accroire qu'elle ne doit épouser qu'un homme de qualité, il est possible qu'elle reste toute sa vie pensionnaire chez madame Goddard ; à moins que, réduite au désespoir (car elle se mariera d'une manière ou d'une autre), elle ne prenne le fils du vieux maître d'école. »

« Nous différons tellement sur ce point, M. Knightley, qu'il est inutile d'en parler davantage. Cela ne servirait qu'à nous faire quereller de plus en plus. Mais de la laisser épouser M. Martin, cela est impossible : elle l'a refusé et d'une manière si positive, que je pense qu'il n'y reviendra pas. Quoi qu'il arrive de ce refus, elle doit s'y tenir : je ne nie pas d'y avoir eu quelqu'influence ; mais je vous assure que je n'ai pas eu grand'peine à la décider, tout autre aurait également réussi. Il se présente si mal, ses manières sont si grossières, que si jamais elle a été portée à l'écouter, elle ne le ferait pas aujourd'hui. Je puis croire qu'avant d'avoir vu des personnes qui lui sont infiniment supérieures, elle ait pu le trouver supportable. Il était frère de ses amies, il cherchait toutes les occasions de lui plaire ; et, ne voyant personne de mieux que lui, ce qui lui était très-avantageux, elle a pu, pendant qu'elle était à l'Abbey-Mill, ne le pas trouver désagréable ; mais tout est changé : elle sait maintenant ce que c'est qu'un homme comme il faut, et personne autre n'aura l'espoir de réussir auprès d'Henriette. »

« Sottise, sottise, s'écria M. Knightley. Les manières de Robert Martin indiquent du bon sens, de la sincérité et de la bonne humeur ; d'ailleurs Henriette est incapable de juger de son esprit. »

Emma ne répondit rien, elle s'efforça de ne pas paraître affectée ; et l'était véritablement au point qu'elle désirait qu'il s'en allât. Elle ne se repentait pas de ce qu'elle avait fait ; elle se croyait meilleur juge que lui des droits et de la délicatesse du beau sexe : cependant elle avait tant de respect pour son jugement, qu'il lui déplaisait fort qu'il eût un sentiment si opposé au sien ; et il lui était très-désagréable de le voir assis vis-à-vis d'elle, avec un air courroucé. Ils restèrent quelques minutes dans ce silence ennuyeux, Emma fit un effort pour parler du temps, il ne fit aucune réponse, il était absorbé dans ses pensées, qu'il manifesta ainsi :

« Robert Martin ne fait pas une grande perte, s'il peut le penser, et je me flatte qu'il y parviendra bientôt. Vous savez ce que vous voulez faire d'Henriette ; mais comme vous ne faites pas un secret de la passion que vous avez à faire des mariages, il est permis de chercher à découvrir vos vues, vos plans et vos projets : en ami, je me permettrai de vous dire que si vous songez à Elton, vous perdez vos peines. »

Emma se mit à rire et s'écria.

Il continua : « Soyez-en bien sûre, Elton ne fera pas votre affaire. Elton est un assez bon garçon et un très-respectable curé d'Highbury, mais incapable de contracter un mariage imprudent. Il connaît la valeur d'un bon revenu autant que qui que ce soit. Elton peut parler d'une manière sentimentale, mais il se conduit par les lumières de la raison. Il connaît aussi bien les prétentions qu'il peut avoir, que vous pouvez connaître celles d'Henriette. »

« Il sait qu'il est bel homme ; bien reçu partout où il se présente ; et quand il n'est pas sur ses gardes et qu'il parle devant les hommes seulement, il paraît par ses discours qu'il ne veut pas se jeter à la tête des gens. Je lui ai entendu citer, d'un ton très-animé, une nombreuse famille de jeunes demoiselles, avec lesquelles ses sœurs sont intimement liées, qui ont chacune quatre cent quatre-vingt mille francs de dot. »

« Je vous suis très-obligée, dit Emma en riant. Si j'avais eu dessein de marier Henriette à M. Elton, je vous remercîrais de m'avoir ouvert les yeux ; mais quant à présent mon seul désir est de garder Henriette avec moi. Je ne veux plus faire de mariages. Je ne pourrais égaler ce que j'ai fait à Randalls. Je me repose sur mes lauriers. »

« Je vous souhaite le bonjour, » dit-il en se levant, et il sortit brusquement. Il était très-vexé. Il sentait vivement le déplaisir que ce jeune homme éprouverait en voyant ses espérances trompées, très-mortifié surtout de l'avoir encouragé par son approbation; la part qu'avait prise Emma dans cette affaire, lui causait un chagrin mortel.

Emma n'était pas trop à son aise non plus; mais il y avait plus d'ambiguité dans les sensations qu'elle éprouvait. Elle n'était pas aussi contente d'elle-même qu'à l'ordinaire, et n'était pas aussi persuadée qu'elle avait raison et son adversaire tort, que M. Knightley. Il était sorti avec l'air plus satisfait de lui-même qu'il ne la laissait. Elle n'était cependant pas si abattue que quelques instans après, et surtout par le retour d'Henriette, elle ne recouvrît toute sa sérénité. Elle commençait à être inquiète du retard d'Henriette. La possibilité de l'arrivée du jeune homme chez madame Goddard, qu'il n'y trouvât Henriette, qu'il n'y plaidât lui-même sa cause, lui donnaient de vives alarmes.

La crainte de n'avoir pas réussi, causait après tout son plus grand chagrin ; et, lorsqu'Henriette parut gaie et contente, ne parlant point de Robert Martin comme cause de son retard, elle sentit une satisfaction qui la rendit à elle-même, et la convainquit que, malgré tout ce que pouvait penser et dire M. Knightley, elle n'avait rien fait que ce que son amitié et la délicatesse du sexe rendaient justifiables.

Il l'avait un peu épouvantée au sujet de M. Elton; mais considérant qu'il ne l'avait pas si bien observé qu'elle, ni avec autant d'intérêt, ni (et il lui était permis de le dire, malgré toutes les prétentions de M. Knightley,) avec un œil aussi exercé, il avait parlé avec emportement et colère d'une chose qu'il croyait être vraie, mais dont il n'avait aucune certitude. Il se pouvait bien que M. Elton eût parlé devant lui d'une manière plus ouverte qu'il ne l'avait fait devant elle ; il était même possible qu'il ne fût pas indifférent quant à la fortune : il n'y avait pas de mal à cela ; mais alors M. Knightley ne comptait pas assez sur l'influence qu'une grande passion devait naturellement avoir sur l'intérêt, influence qui devait faire pencher la balance. M. Knightley ignorait l'existence de cette passion, et par conséquent les effets qu'elle aurait ; mais elle la connaissait trop pour douter un moment qu'elle ne l'emportât sur les circonstances qu'une louable prudence pouvait suggérer ; et elle était très-certaine que M. Elton n'en avait pas d'autre.

La gaîté d'Henriette lui rendit toute la sienne : elle revenait, non pour penser à Martin, mais pour parler de M. Elton. Mademoiselle Nash lui avait dit quelque chose qu'elle répéta sur-le-champ avec un extrême plaisir. M. Perry avait été chez madame Goddard, pour soigner un malade, et avait dit à mademoiselle Nash, que s'en revenant hier au soir de Clayton-Park, il avait rencontré M. Elton sur la route de Londres, et ne comptant revenir que le lendemain, quoique ce jour-là fût celui où se tenait l'assemblée du wisk, à laquelle il n'avait jamais manqué; et que malgré qu'il lui eût fait des remontrances à ce sujet, qu'il lui eût dit combien il était malhonnête à lui, le meilleur joueur, de s'absenter, et qu'il eût fait tous ses efforts pour l'engager à remettre son voyage d'un seul jour, tout cela n'avait servi à rien; qu'il avait poursuivi son voyage, parlant d'une manière toute *particulière* de la nécessité de ce voyage, que pour rien au monde il ne pouvait différer: disant quelque chose d'une commission que tout le monde envîrait, qu'il portait quelque chose d'extrêmement précieux. M. Perry ne comprit pas ce qu'il voulait dire ; mais il était certain qu'il s'agissait d'une dame. Il le lui dit, et M. Elton, d'un air mystérieux mais satisfait, poursuivit sa route. Mademoiselle Nash lui avait raconté tout cela, avait beaucoup parlé de M. Elton, et avait ajouté, en la regardant d'une manière très-expressive : « qu'elle ignorait absolument de quelle affaire il était chargé ; qu'elle était seulement très-sûre qu'une femme que M. Elton préférerait, devait se regarder comme la plus heureuse personne du monde; car il n'y avait pas de doute, qu'en beauté et en amabilité, il n'avait pas son pareil. »

CHAPITRE IX.

M. Knightley était le maître de quereller avec elle; mais Emma était en paix avec elle-même. Il était si fâché, qu'il tarda plus long-temps que de coutume à reparaître à Hartfield; et lorsqu'ils se virent, la sévérité de ses regards lui prouva qu'elle n'était pas encore pardonnée : elle en fut fâchée, mais ne se repentait pas. Au contraire, ses plans, ses actions lui parurent justifiés et lui devinrent plus chers, par ce qui se passa les jours suivans.

Le portrait élégamment encadré arriva sain et sauf, peu après le retour de M. Elton, et ayant été posé sur la cheminée du salon, il se leva pour le regarder et soupira des demi-sentences d'admiration selon sa coutume; quant à Henriette, sa sensibilité se changeait visiblement en un attachement aussi fort que sa jeunesse et la nature de son esprit pouvaient le permettre. Emma fut bientôt parfaitement convaincue qu'on ne se souvenait plus de M. Martin que comme d'un objet de comparaison entre lui et M. Elton, comparaison qui était très-avantageuse au dernier.

Son intention d'orner l'esprit de sa jeune amie par d'utiles leçons, ne s'était encore montrée que par la lecture de quelques chapitres qu'on se proposait de continuer le lendemain. Il était plus aisé de causer que d'étudier; plus agréable de se repaître l'imagination et travailler à la fortune d'Henriette, que de former son jugement et d'exercer ses facultés intellectuelles; et la seule poursuite littéraire qui occupait alors Henriette, la seule provision mentale qu'elle préparait pour l'automne de la vie, n'avait pour objet que de faire une collection de toutes les énigmes qu'elle pouvait se procurer, et de les transcrire sur un petit in-quarto, fait par son amie, orné de chiffres et de trophées. Dans cet âge littéraire, il n'est pas rare de trouver de pareilles collections en grand. Mademoiselle Nash, première gouvernante de la pension de madame Goddard, en avait transcrit plus de trois cents; et Henriette, qui en avait reçu d'elle la première idée, espéra qu'avec l'assistance de mademoiselle Woodhouse, elle en aurait bien davantage. Emma l'assista de sa mémoire, de son bon goût et de ses inventions; comme Henriette avait une très-jolie écriture, il y avait lieu d'espérer que ce recueil se distinguerait par sa forme et sa quantité.

M. Woodhouse s'intéressait autant

à cette entreprise que les jeunes demoiselles elles-mêmes, et cherchait dans sa mémoire quelque chose digne d'y être inséré. Il s'étonnait d'avoir oublié tant de belles énigmes qui couraient dans sa jeunesse ! Il espérait néanmoins qu'il les retrouverait un jour. Elles finissaient toutes par « Catherine était une belle fille, mais elle était de glace. »

Il avait consulté son ami Perry à ce sujet, et quoiqu'il ne se souvînt d'aucune énigme, il se flattait néanmoins, que comme il allait dans tant de maisons, il ne pouvait pas manquer d'en procurer quelques-unes. Ce n'était cependant pas l'intention d'Emma qu'on mît à contribution les beaux esprits d'Highbury. Ce fut au seul M. Elton qu'elle s'adressa. Il fut invité à ajouter au recueil toutes les énigmes et les charades qui mériteraient d'y être insérées, et elle eut le plaisir de savoir qu'il s'en occupait avec zèle, et qu'il avait le plus grand soin de n'offrir rien qui ne fût galant, rien qui ne fût en faveur du beau sexe. Elles lui devaient deux ou trois de leurs plus belles charades : et sa joie fut à son comble lorsqu'il eut le bonheur de se ressouvenir de la suivante, qu'il récita d'une manière très-sentimentale :

> Mon premier un chagrin dénote,
> Que mon second fera souffrir ;
> Mais mon tout est l'antidote,
> Qui mes maux saura guérir.

Emma, fâchée d'avouer que cette charade était déjà transcrite, dit : « Pourquoi n'en composez-vous pas une pour nous, M. Elton ? Nous serions sûres qu'elle serait nouvelle, et rien ne vous serait plus facile. »

« Oh ! non. Il n'avait presque jamais rien écrit de tel de sa vie. Il était si borné ! Il craignait que mademoiselle Woodhouse elle-même.., il s'arrêta, ou mademoiselle Smith ne pourraient pas l'inspirer. » Le lendemain néanmoins produisit une inspiration. Il n'était entré qu'un moment, pour laisser sur la table une feuille de papier, contenant, dit-il, une charade adressée par un de ses amis à une jeune demoiselle dont il était épris : mais Emma, d'après ce discours, fut convaincue que c'était son propre ouvrage.

« Je ne l'offre pas pour faire partie du recueil de mademoiselle Smith; comme elle appartient à un de mes amis, je n'ai pas le droit de l'exposer aux yeux du public : mais peut-être seriez-vous bien aise d'y jeter un coup d'œil. »

Emma comprit fort bien que ce discours s'adressait plutôt à elle qu'à Henriette. Il paraissait très-satisfait de lui-même, et il lui fut plus aisé de rencontrer les yeux d'Emma que ceux de son amie. Peu après il disparut: après un moment de silence:

« Prenez-le, dit Emma, en souriant, et poussant le papier vers Henriette, c'est pour vous, prenez ce qui vous appartient. »

Mais Henriette tremblante, ne voulut pas y toucher, et Emma ne refusant jamais d'être la première à agir, fut obligée de l'examiner elle-même.

A MADEMOISELLE.

CHARADE.

Mon premier vous instruit de la pompe des rois,
Du luxe et du bonheur des souverains du monde ;
Mon second vous présente encor un autre choix ;
Il offre à vos regards le monarque de l'onde.
Mais, unis, quel revers! tombés dans l'esclavage,
Leur pouvoir si vanté, tout a pour eux fini,
Jusqu'à leurs libertés ; et la femme en partage
Reçoit leur brillant sceptre à leur couronne uni.
Ton esprit pénétrant me saura deviner,
Et puisse un doux regard de tes yeux m'approuver!

Elle jeta un coup d'œil dessus, réfléchit, comprit le sens de la charade, la relut toute entière pour s'assurer qu'elle ne s'était pas trompée, et la faisant passer à Henriette, elle s'assit en souriant, se disant à elle-même, tandis qu'Henriette, confuse et peu instruite, faisait de vains efforts pour en découvrir le sens, « Fort bien, M. Elton, très-bien en vérité! J'ai lu de plus mauvaises charades. *Cour et Vaisseau* (1), une bonne idée : je vous en fais mon compliment. C'est sonder le terrain. Cela veut dire ouvertement, je vous prie, mademoiselle Smith, de me permettre de vous présenter mes hommages. Approuvez ma charade et mes intentions du même coup d'œil. »

Et puisse un doux regard de tes yeux m'approuver!

---

(1) Cour et vaisseau, en anglais court-ship, ce qui signifie aussi faire la cour. *Mot de la charade.*

Henriette, *exactement*. Doux est bien le mot pour ses yeux, c'est de toutes les épithètes la plus juste qu'on puisse trouver.

Ton esprit pénétrant me saura deviner.

« Oh! oh! l'esprit pénétrant d'Henriette! Tant mieux; il faut qu'un homme soit bien amoureux, en vérité, pour faire une pareille description. Ah, M. Knightley! que n'êtes-vous ici, je pense que vous seriez convaincu : vous seriez obligé d'avouer que vous vous êtes trompé une fois dans votre vie. Cette charade est en vérité très-bonne, et faite à propos. L'affaire doit bientôt se décider. »

Elle fut obligée d'interrompre ses agréables observations qu'elle pouvait étendre à volonté, par les vives et surprenantes questions d'Henriette.

« Qu'est-ce que cela peut être, mademoiselle Woodhouse ? Qu'est-ce que cela peut être ? Je n'y comprends rien ; je ne puis pas le deviner. Que cela signifie-t-il ? Ayez la bonté d'essayer à le trouver, je vous en prie, mademoiselle Woodhouse ! Aidez-moi. Je n'ai jamais rien trouvé de si difficile. Est-ce un royaume ? Je m'étonne quel est l'ami et quelle peut être la jeune demoiselle. Croyez-vous que la charade soit bonne ? Est-ce femme ?

Et la femme en partage
Reçoit leur brillant sceptre à leur couronne uni.

Serait-ce Neptune ?

Il offre à vos regards le monarque de l'onde.

Ou bien un trident ? une sirène ? ou un requin ? Oh, non. Requin n'a que deux syllabes. Il faut que cela soit bien beau, autrement il ne l'aurait pas apporté. « Oh ! mademoiselle Woodhouse, croyez-vous que nous le trouvions jamais ? »

« Des sirènes, des requins ? Sottises, ma chère Henriette; à quoi pensez-vous ? A quoi lui servirait de nous apporter une charade, composée par un de ses amis, sur une sirène, un requin ? Donnez-moi ce papier, et écoutez :

« Pour mademoiselle ****. Lisez, mademoiselle Smith,

Mon premier vous instruit de la pompe des rois,
Du luxe et du bonheur des souverains du monde,
(C'est *la cour*.)
Mon second vous présente encor un autre choix ;
Il offre à vos regards le monarque de l'onde.
(C'est un *vaisseau*.

aussi clairement que possible. Maintenant pour la rime.

Mais unis, (*Court-ship*, *vous entendez*) quel revers !
tombés dans l'esclavage,
Leur pouvoir si vanté, tout a pour eux fini,
Jusqu'à leurs libertés ; et la femme en partage
Reçoit leur brillant sceptre à leur couronne uni.

« Ce compliment est très-bien tourné ; vient ensuite l'application. Je pense, ma chère Henriette, qu'il vous sera aisé de la faire. Lisez, cela vous servira de confortatif. Il n'y a pas de doute que cette charade n'ait été faite pour vous. »

Henriette ne résista pas long-temps, il lui était agréable d'être persuadée. Elle lut les dernières lignes, et fut hors d'elle-même; elle ne pouvait parler. Mais on ne désirait pas qu'elle le fît ; c'était assez qu'elle sentît. Emma parla pour elle.

« Il y a dans ce compliment un dessein si particulier et si marqué, dit-elle, que je ne puis douter un moment des intentions de M. Elton. Vous êtes l'objet qu'il a en vue, et bientôt vous en recevrez la preuve la plus complète. Je savais bien que cela arriverait. J'étais certaine de ne m'être pas trompée : mais à présent la chose est claire, l'état de son cœur est décidé, saute aux yeux, et est tel que j'ai désiré qu'il fût, dès que je vous ai connue. Oui, Henriette, c'est depuis ce temps-là que je désirais que ce qui vient d'arriver eût lieu. Je n'ai jamais pu décider si un attachement entre vous et M. Elton était plus désirable qu'il n'était naturel. La probabilité d'un pareil événement allait de pair avec son éligibilité! Cela me rend parfaitement heureuse. Je vous en félicite, ma chère Henriette, de tout mon cœur. C'est un attachement tel qu'une femme peut se glorifier de l'avoir inspiré. Une pareille alliance ne peut que tourner à bien. Elle vous procurera tout ce dont vous avez besoin : de la considération, de l'indépendance et une bonne maison; elle vous fixera dans le centre de vos véritables amis, près de moi et d'Hartfield, et resserrera les liens qui nous unissent. Cette alliance enfin, ma chère Henriette, ne peut jamais nous faire rougir, ni vous ni moi. »

« Ma chère demoiselle Woodhouse, et ma chère demoiselle Woodhouse, » fut tout ce qu'Henriette put dire, en l'embrassant plusieurs fois avec tendresse. Mais quand elle fut un peu remise, son amie reconnut qu'elle voyait, sentait, anticipait et se souvenait parfaitement de tout, comme elle le devait. La supériorité de M. Elton fut reconnue.

« Tout ce que vous dites est toujours vrai, s'écria Henriette, c'est pourquoi je suppose, je crois et j'espère que tout cela arrivera; quant à moi, je ne me le serais jamais imaginé. C'est fort au-dessus de ce que je mérite. M. Elton qui pourrait épouser qui bon lui plairait! Il n'y a pas deux opinions sur lui. Il est si supérieur aux autres ! Songez à ces beaux vers à mademoiselle. Mon Dieu ! que c'est beau ! Croyez-vous qu'ils aient été véritablement faits pour moi ? »

« Je ne veux faire aucune question, ni répondre à celles qu'on m'adresserait sur ce sujet. La chose est certaine. Rapportez-vous-en à mon jugement. C'est une espèce de prologue à la pièce, une sentence à un chapitre, et sera bientôt suivi d'un fait, la prose. »

« Personne ne s'y serait attendu : il y a un mois que je n'en avais pas moi-même la moindre idée ! »

« Les choses les plus étranges arrivent quelquefois ! »

« Certainement puisque mademoiselle Smith et M. Elton ont fait connaissance ensemble. La chose est arrivée, et réellement c'est fort étonnant. On trouve extraordinaire que ce qui est évidemment jugé désirable soit comme arrangé d'avance, par des gens étrangers à la chose, et réussisse. Vous et M. Elton devez être ensemble par votre situation respective: vous vous appartenez l'un à l'autre par la circonstance des maisons que vous occupez. Votre mariage sera le pendant de celui de Randalls. Il semble qu'il y ait quelque chose dans l'air qu'on respire à Hartfield, qui enseigne à l'amour la direction qu'il doit prendre, et lui montre le chemin qu'il doit suivre! La carrière d'un amour véritable ne fut jamais unie. Une édition de Shakspeare faite à Hartfield, aurait une longue note sur ce passage. »

« Que M. Elton soit véritablement amoureux de moi, de moi qui ne le connaissais pas assez à la St.-Michel, pour oser lui parler! Et lui le plus bel homme qui fût jamais, un homme que tout le monde respecte autant que M. Knightley ! dont la compagnie est si recherchée, que tout le monde dit que s'il prend un repas seul, c'est qu'il le veut bien, et qu'il reçoit plus d'invitations qu'il n'y a de jours dans la semaine, et si grand prédicateur ! Mademoiselle Nash a pris par écrit le texte de tous ses sermons, depuis qu'il est arrivé à Highbury. Mon Dieu ! quand je me souviens du jour où je l'ai vu pour la première fois ! Je ne m'en serais pas doutée ! Les deux demoiselles Abbot et moi nous courûmes dans une salle sur le devant, pour le regarder au travers de la jalousie, comme il passait ; et mademoiselle Nash nous gronda, nous fit retirer et se mit à notre place pour le voir. Cependant elle me rappela, et me permit de le regarder aussi ; ce que je trouvai fort aimable de sa part. Oh ! que nous le trouvâmes beau ! Il marchait bras dessus, bras dessous avec M. Cole. »

« Cette alliance, quels que soient ou quoique soient vos parens, doit leur être agréable, pourvu qu'ils aient le sens commun ; et nous ne devons pas baser notre conduite sur la façon de penser des sots. S'ils désirent vous voir heureusement mariée, voilà un homme dont l'aimable caractère en donne l'assurance. S'ils désirent que vous vous établissiez dans le pays et dans le cercle où ils vous avaient placée, leurs vœux se trouvent accomplis ; et si le seul objet qu'ils ont en vue est suivant le langage ordinaire, que vous fassiez un bon mariage, ici vous avez une fortune honnête, un bon établissement, un rang dans le monde, tout cela doit les satisfaire. »

« Oui ! C'est bien vrai. Que vous parlez agréablement ! J'aime à vous entendre. Vous comprenez tout. Vous et M. Elton, vous avez autant d'esprit l'un que l'autre. Cette charade! quand j'aurais étudié pendant un an je n'aurais jamais pu faire rien de pareil. »

« De la manière dont il chercha à s'excuser hier, son intention était de s'essayer. »

« C'est sans exception la plus belle charade que j'aie jamais lue. »

« Certainement je n'en ai point lu de plus signifiante. »

« Elle est du double plus longue qu'aucune de celles que nous avions auparavant. »

« Ce n'est pas, suivant moi, ce qui la rend meilleure : de pareilles choses au contraire ne sauraient être trop courtes. »

Elle était trop occupée pour entendre cette dernière phrase.

« Une chose est, dit Henriette, peu

après en rougissant, d'avoir beaucoup de sens dans les petites choses, comme tout le monde, et si on a quelque chose à faire savoir, de l'écrire en peu de lignes; mais c'en est une autre de faire une charade, et des vers comme ceux-ci. »

Emma ne pouvait désirer un refus plus direct de la prose de M. Martin.

« Quels beaux vers! continua Henriette, ces deux derniers. Mais comment m'y prendrai-je pour rendre le papier, ou dire que je l'ai devinée? Oh! mademoiselle Woodhouse, que devons-nous faire ? »

« Laissez-moi faire ; ne vous inquiétez pas, il viendra ce soir, j'en suis sûre; je le lui rendrai ; il se fera quelques plaisanteries entre nous, et vous ne serez pas compromise. Vos doux yeux choisiront leur temps pour lancer leurs traits. Fiez-vous à moi. »

« Oh ! mademoiselle Woodhouse, quel dommage que je ne puisse pas transcrire cette charmante charade dans mon livre ! Je suis sûre qu'il n'y en a pas une qui soit la moitié aussi bonne. »

« Laissant à part les deux dernières lignes, je ne vois pas de raison qui puisse vous empêcher de la transcrire dans votre livre. »

« Oh ! mais ces deux lignes sont.....
—Les meilleures de toutes, j'en conviens, pour une jouissance particulière : servez-vous-en pour votre usage. Ils n'en seront pas moins écrits, pour être divisés. La strophe sera toujours la même, et le sens n'en sera pas changé. Emportez-le, toute propriété cesse, et il restera une charade galante, digne de figurer dans un recueil. Comptez sur ce que je vous dis ; il n'aimerait pas plus qu'on méprisât sa

charade que sa passion. Un poëte amoureux veut être encouragé comme amant et comme poëte, ou point du tout. Donnez-moi le recueil, je vais la transcrire ; ainsi l'on n'aura rien à vous dire. »

Henriette se soumit, quoiqu'elle ne comprît pas trop qu'on pût séparer les deux parts ; de sorte qu'elle n'était pas bien sûre que son amie n'était pas occupée à écrire dans son livre une déclaration d'amour. Une pareille offre est trop précieuse pour lui donner le moindre degré de publicité.

« Ce livre, dit-elle, ne sortira jamais de mes mains ».

« Fort bien, répliqua Emma, ce sentiment est très-naturel, et plus il durera, plus je serai satisfaite. Mais voici mon père qui vient. Vous ne trouverez pas mauvais que je lui lise la charade : cela lui fera le plus grand plaisir!

Il aime ces sortes de productions, et surtout lorsqu'on y fait des complimens au beau sexe. Il a le véritable esprit de la plus tendre galanterie pour nous toutes ! Permettez-moi de la lui lire. » Henriette parut sérieuse.

« Ma chère Henriette, cette charade ne doit pas tant vous affecter ; vous découvrirez vos sentimens mal à propos, si vous paraissez si concentrée en vous-même, et si vous y attachez plus, ou même tout le prix que la chose mérite. Ne perdez pas la tête pour un aussi mince tribut d'admiration. S'il avait tant désiré le secret, il n'aurait pas laissé son papier devant moi ; et puis c'était plutôt à moi qu'à vous qu'il le présentait. Il a assez d'encouragement pour continuer, sans que nous soupirions sur sa charade. Cela ne doit pas tant vous affecter. »

« Oh ! non. Je tâcherai d'éviter de

me rendre ridicule. Faites ce qu'il vous plaira. »

M. Woodhouse entra, et tomba bientôt sur son sujet favori, demandant, suivant sa coutume, à ces demoiselles où elles en étaient de leur recueil. « Avez-vous quelque chose de nouveau ? »

« Oui papa, nous avons quelque chose de nouveau à vous lire. Nous avons trouvé ce matin un papier sur cette table (qu'une fée y a probablement mis) contenant une très - jolie charade, et nous venons de la copier. »

Elle lui en fit lecture, comme il le désirait, doucement et distinctement, et deux ou trois fois de suite, avec des explications où elles étaient nécessaires. Il en fut extrêmement satisfait, et particulièrement de la conclusion.

« Oui ! c'est très-bien dit, très-juste et très-vrai. *Femme*, charmante femme!

Cette charade est si jolie, que je devine aisément le nom de la fée qui l'a apportée. Il n'y a que vous, Emma, qui puissiez si bien écrire. »

Emma, souriant, ne fit qu'un signe de tête.

Après avoir pensé un peu et poussé un tendre soupir, il ajouta : « Ah! il est aisé de voir de qui vous tenez. Votre chère mère était si habile à ces sortes de choses! Si j'avais seulement sa mémoire! Mais je ne me souviens de rien, pas même de l'énigme dont je vous ai parlé; je ne me rappelle que de la première strophe; et il y en a plusieurs. »

Catherine est jolie, autant qu'elle est cruelle,
L'amour m'a consumé, j'en suis encore honteux;
J'invoquai Cupidon, me fiant à son zèle,
Malgré que je craignis son humeur infidèle,
Car il m'avait rendu déjà trop malheureux.

« Voilà tout ce que je n'ai pas oublié. Elle est belle d'un bout à l'autre;

Tome I. 17

mais il me semble, ma chère, que vous m'avez dit que vous l'aviez? »

« Oui, papa, elle est écrite sur la seconde page de notre recueil. Nous l'avons copiée des extraits élégans. Elle est de Garrick, vous savez? »

« Eh! oui, c'est vrai, je voudrais en savoir davantage. »

« Son nom me fait souvenir de la pauvre Isabelle; car il s'en est peu fallu qu'elle ne reçût au baptême le nom de Catherine, d'après sa grand'mère. »

« J'espère que nous l'aurons ici la semaine prochaine. Avez-vous songé, ma chère, où nous la placerons, et quelle chambre on donnera aux enfans? »

Oh! oui, elle aura sa chambre, celle qu'elle occupe toujours, et les enfans celle qui leur est destinée; pourquoi ferions-nous aucun changement? »

« Je n'en sais rien, ma fille; mais

il y a si long-temps qu'elle n'est venue ici : depuis Pâques, et encore elle ne resta que quelques jours. Il est désagréable que M. Jean Knightley soit homme de loi. Pauvre Isabelle ! C'est bien malheureux qu'on nous en prive comme on fait ! Quel chagrin elle ressentira, à son arrivée, de ne pas trouver mademoiselle Taylor ici. »

« Au moins, papa, elle n'en sera pas surprise. »

« Je n'en sais rien, ma chère. Je sais seulement que je fus extrêmement surpris, lorsque je sus qu'elle allait se marier. »

« Nous inviterons monsieur et madame Weston à dîner ici tant qu'Isabelle restera avec nous. »

« Oui, ma chère, si nous en avons le temps. Mais (d'un ton mélancolique il ajouta) elle ne vient que pour une semaine, nous n'aurons le temps de rien faire. »

« Il est malheureux qu'ils ne puissent rester plus long-temps; mais il paraît qu'ils sont forcés, ou du moins M. Jean Knightley, de se trouver à Londres le 28, et nous devons être reconnaissans, papa, de ce qu'ils nous donnent tout leur temps; qu'ils ne passeront pas deux ou trois jours à l'Abbaye. M. Knightley promet de céder ses prétentions pour ces fêtes de Noël; et vous savez fort bien qu'il y a plus long-temps qu'il ne les a eus que nous. »

« Il serait bien dur que la pauvre Isabelle fût ailleurs qu'à Hartfield. »

M. Woodhouse voulait à peine reconnaître les droits qu'avait M. Knightley sur son frère, et ceux de qui que ce soit sur Isabelle. Il réfléchit un instant et dit:

« Mais, je ne vois pas pourquoi la pauvre Isabelle serait obligée de s'en retourner sitôt à Londres. Il me semble, Emma, que je ferais bien d'essayer de lui persuader de rester plus long-temps avec nous. Elle et ses enfans pourraient bien rester ici. »

« Ah ! papa, c'est à quoi vous n'avez jamais pu réussir, et vous n'y réussirez jamais. Isabelle ne peut supporter l'idée de quitter son mari. »

Cette vérité était trop palpable pour la contredire, quelque mortifiante qu'elle fût ; aussi M. Woodhouse se contenta de soupirer douloureusement ; et comme Emma vit que ses esprits étaient abattus par l'idée de l'attachement qu'avait Isabelle pour son mari, elle tourna la conversation sur la partie du même sujet qui pouvait les relever.

« Henriette passera avec nous le plus

de temps qu'elle pourra, tandis que mon frère et ma sœur seront ici. Je suis sûre que les enfans lui plairont. Nous sommes fiers de ces enfans, n'est-ce pas, papa? Je désire bien savoir lequel elle trouvera plus joli d'Henri ou de Jean? »

« Et moi aussi, pauvres petits, qu'ils seront contens de venir ici! Ils aiment beaucoup Hartfield, s'adressant à Henriette : J'en suis bien persuadé, et je ne connais personne qui ne pense comme eux. Henri est un joli garçon; mais Jean ressemble beaucoup à sa maman. Henri est l'aîné, on lui a donné mon nom de préférence à celui de son père, qu'on a donné au second. Quelques personnes ont été surprises qu'on ne l'ait pas donné à l'aîné; mais Isabelle a voulu qu'il s'appelât Henri; je lui en ai su bon gré. C'est en vérité un gentil garçon. Ils sont tous trèsgentils; ils ont tous des manières si engageantes. Ils viennent près de mon fauteuil, l'un me demande un bout de ficelle; Henri me dit une fois, grand-papa, donnez moi un couteau; je lui répondis que les couteaux étaient faits pour les grand-papas. Je pense que leur père est souvent trop dur avec eux. »

« Il vous paraît dur, dit Emma, parce que vous êtes si doux; mais si vous le compariez à d'autres pères, vous ne le croiriez pas dur. Il désire que les garçons soient actifs et hardis; et lorsqu'ils se conduisent mal, il leur parle un peu durement de temps en temps; mais c'est un père très-affectionné. Certainement M. Jean Knightley est un père tendre, tous ses enfans l'aiment beaucoup. »

« Puis vient leur oncle qui les fait sauter jusqu'au plancher de la manière la plus terrible. »

« Cela leur fait plaisir, papa, il n'y a rien qu'ils aiment tant; cet exercice leur plaît tellement, que si leur oncle n'avait pas posé comme règle qu'ils viendraient chacun à leur tour, celui qui commence ne voudrait jamais céder sa place. »

« Bien, je n'y comprends rien. »

« C'est ce qui nous arrive à tous, papa. La moitié du monde ne peut comprendre le plaisir que prend l'autre. »

Un peu tard dans la matinée, juste au moment où les demoiselles allaient s'habiller pour le dîner, le héros de l'inimitable charade se présenta une seconde fois. Henriette se tourna de côté; mais Emma le reçut avec son sourire accoutumé, et son œil pénétrant crut reconnaître en lui l'homme qui, ayant fait un pas en avant et jeté le dé, venait s'informer s'il avait réussi. Il donna cependant pour raison ostensible, qu'il était venu pour savoir si M. Woodhouse pouvait faire sa partie sans lui, ou si l'on avait le moindre besoin de lui à Hartfield. S'il en était ainsi, il abandonnerait tout ; autrement son ami Cole l'ayant tant pressé de dîner avec lui, il n'avait pu s'empêcher de lui promettre d'y aller : cependant il n'avait promis que conditionnellement.

Emma le remercia, mais ne voulut pas permettre qu'il manquât de parole à son ami, la partie de son père étant assurée. Il s'offrit encore, et fut refusé. Il allait se retirer, lorsqu'Emma prenant le papier qui était sur la table, le lui rendit.

« Oh ! voilà la charade que vous avez eu la bonté de nous laisser ; je vous remercie de nous avoir permis de la lire. Nous l'avons trouvée si belle, que j'ai pris la liberté de la transcrire dans le recueil de mademoiselle Smith. J'ose espérer que votre ami n'en sera pas fâché : au reste, je n'ai écrit que les huit premières lignes. »

M. Elton ne savait trop que dire; il paraissait incertain et confus, dit un mot sur l'honneur, jeta un coup d'œil sur Emma et Henriette, et voyant le recueil ouvert sur la table, il le prit, l'examina avec beaucoup d'attention. Pour le tirer d'embarras, Emma lui dit en souriant :

« Présentez mes excuses à votre ami; mais une si bonne charade ne peut pas n'avoir qu'un ou deux admirateurs. Il peut compter, tant qu'il écrira avec autant de galanterie, qu'il sera toujours approuvé par les dames. »

« Je n'hésite pas de dire, répliqua M. Elton (quoiqu'il hésitât beaucoup en parlant), je n'hésite pas en disant :

Au moins, si mon ami sent comme je fais, je ne doute pas que, s'il voyait le cas qu'on fait de cette production (jetant les yeux sur le recueil, en le remettant sur la table), il le regarderait comme le moment le plus fortuné de sa vie. »

Après ce discours il s'éclipsa. Emma lui en eut obligation ; car, malgré ses bonnes et agréables qualités, il y avait dans sa manière de parler une sorte d'ostentation qui lui donnait une envie démesurée de rire. Elle s'enfuit, pour s'en donner à cœur joie, laissant à Henriette sa part de ce qui se trouvait de tendre, de sublime et d'agréable dans ce qu'elles venaient d'entendre.

CHAPITRE X.

Quoiqu'on fût au milieu de décembre, le temps n'avait pas été assez sévère pour empêcher les demoiselles de prendre de l'exercice ; et le lendemain Emma devait rendre une visite de charité à une famille pauvre et malade, qui habitait à quelque distance hors d'Highbury.

Pour arriver à la chaumière de cette pauvre famille, il fallait suivre le chemin qui conduit au presbytère, chemin qui croisait la grande route à angles droits, et qui, quoique irrégulier, était la principale rue de l'endroit, et qui, comme il est aisé de le supposer, contenait la divine habitation de M. Elton. Il fallait passer devant plusieurs maisons médiocres, et, à un quart de mille après ces maisons, s'élevait le presbytère, vieille maison et pas trop bonne, bâtie aussi près que possible de la route. Sa situation n'était pas avantageuse ; le nouveau propriétaire l'avait embellie autant que possible ; mais, telle qu'elle était, les deux amies ralentirent leurs pas en passant devant, pour l'observer. Emma fit la remarque suivante:

« La voilà. C'est ici qu'un de ces jours, vous et votre recueil d'énigmes viendrez. »

Celle d'Henriette fut :

« Oh! quelle charmante maison! Qu'elle est belle ! Voilà les rideaux jaunes que mademoiselle Nash admire tant. »

« Je me promène rarement sur cette route, dit Emma, comme elles marchaient ; mais bientôt j'aurai un motif, et peu à peu je ferai connaissance avec toutes les haies, les barrières, les mares et les arbres étêtés de cette partie d'Highbury. »

Emma s'aperçut qu'Henriette n'avait jamais vu le presbytère, et la curiosité qu'elle avait de le voir était si violente, que, tout considéré, elle attribua cette curiosité à l'amour, comme elle l'avait fait à l'égard de M. Elton, lorsqu'il trouva qu'Henriette avait un esprit pénétrant.

« Je voudrais que nous pussions songer au moyen, dit-elle; mais je ne trouve aucun prétexte plausible d'entrer. Aucun domestique sur lequel je puisse prendre des informations auprès de la ménagère, aucun message de la part de mon père. » Elle y songea, mais elle ne trouva rien. Après un silence de quelques minutes, Henriette parla ainsi :

« Je suis bien étonnée, mademoiselle Woodhouse, que vous ne soyez pas mariée, ou que vous n'alliez pas vous marier, aimable comme vous l'êtes ! »

Emma répliqua en riant :

« Il ne me suffit pas d'être aimable pour me marier, il faut que je trouve d'autres personnes aimables, au moins une. Et non-seulement je ne pense pas à me marier à présent, mais je n'ai pas envie de me marier du tout. »

« Oh ! oui, vous le dites; mais je n'en crois rien. »

« Il faudrait que je rencontrasse quelqu'un de supérieur à tout ce que j'ai vu, pour être tentée. (Vous savez que M. Elton ne compte pas.) Et je ne désire pas d'en rencontrer. Je fuirai la tentation. Je ne gagnerais rien au change. Si je me mariais, je m'en repentirais certainement. »

« Mon Dieu ! il est bien étrange d'entendre parler une jeune demoiselle comme vous le faites.

« Je n'ai aucune des raisons qu'ont les autres demoiselles de se marier. Oh! si j'aimais tout de bon, ce serait une autre affaire : mais je n'ai jamais aimé; mon tempérament s'y oppose ; et je ne crois pas qu'il m'arrive jamais d'aimer, et, sans amour, je serais bien folle de changer de situation. J'ai de la fortune, un rang distingué, et je ne manque pas d'occupation. Je crois que peu de femmes mariées ont la moitié autant d'autorité dans la maison de leurs maris, que j'en ai à Hartfield ; et je ne pourrais jamais m'attendre d'être aussi véritablement aimée, d'une aussi grande importance, aux yeux de tout autre homme qu'à ceux de mon père. Qui, comme lui, me croirait la plus parfaite des femmes, et la seule qui ait toujours raison ? »

« Mais enfin, vous serez donc une vieille fille comme mademoiselle Bates ? »

« C'est la perspective la plus terrible que vous puissiez présenter, ma chère Henriette ; et si je croyais devenir jamais comme mademoiselle Bates, simple, contente, toujours un sourire sur les lèvres, ne distinguant rien, ne s'ennuyant de rien, babillant sans cesse, toujours prête à raconter les affaires de toutes ses connaissances, je me marierais demain. Mais, entre nous, je suis convaincue que je ne ressemblerai jamais à mademoiselle Bates en rien, excepté que, comme elle, je ne serai pas mariée. »

« Mais enfin vous serez une vieille fille, et cela est terrible ! »

« Je m'en moque, ma chère Henriette ; je ne serai jamais une pauvre vieille fille ; et c'est la pauvreté qui rend le célibat méprisable aux yeux d'un public généreux. Une fille non mariée, qui a un très-mince revenu, doit être une vieille fille, ridicule et désagréable, le jouet des jeunes garçons et des petites filles : mais une femme non mariée, qui possède une grande fortune, est toujours respectable, et peut être aussi sensée et aussi agréable que qui que ce soit. Et cette distinction n'est pas, comme on pourrait d'abord le supposer, une preuve du peu de candeur, ou d'un manque de sens commun dans le monde en général ; car un mince revenu a une tendance à rétrécir l'esprit et aigrir le caractère. Ceux qui n'ont que la vie et l'habit, forcés de vivre avec la dernière classe de la société, sont assez ordinairement avares et grossiers. Ceci néanmoins ne peut s'appliquer à mademoiselle Bates ; elle est seulement trop bonne et trop simple pour me convenir ; mais, en général, elle plaît à tout le monde, quoique vieille fille et pauvre. La pauvreté n'a certainement pas rétréci son cœur : je crois que, si elle n'avait que vingt-quatre sous au monde, elle en donnerait volontiers la moitié ; et personne ne la craint : c'est un grand plaisir. »

« Eh ! mon Dieu ! que ferez-vous ? Comment passerez-vous votre temps quand vous deviendrez vieille ? »

« Si je me connais bien, Henriette, j'ai l'esprit actif, toujours occupé et rempli de ressources ; et je ne puis pas concevoir pourquoi je manquerais plus d'occupation à quarante ou à cinquante ans, qu'à vingt et un. Tout ce dont les femmes s'occupent, avec les yeux, les mains ou l'esprit, me sera aussi facile alors qu'à présent, à peu de chose près. Si je dessine moins, je lirai davantage ;

si j'abandonne la musique, je ferai de la tapisserie. Et quant aux objets d'affections ou d'intérêt, ce qui est véritablement un grand point d'infériorité, qu'on cherche d'éviter quand on ne se marie pas, je ne crains rien de pareil; les enfans de ma sœur, que j'aime tant et dont je prendrai soin, m'en garantiront. Il y en aura probablement assez pour suppléer à toutes les sensations dont le déclin de l'âge a besoin. J'aurai de quoi craindre et espérer; et quoique l'attachement que je sentirai pour eux n'égalera pas celui d'une mère, il me convient mieux, que s'il était plus chaud et plus aveugle. Mes heveux et mes nièces! J'aurai souvent une de mes nièces avec moi. »

« Connaissez-vous la nièce de mademoiselle Bates ? C'est-à-dire, je sais que vous l'avez vue cent fois : avez-vous fait connaissance avec elle ? »

« Oh ! oui ; nous y sommes forcées, chaque fois qu'elle vient à Highbury. Je vous dirai, en passant, qu'elle est propre à dégoûter d'avoir une nièce. Que le Ciel me préserve d'ennuyer les gens, en leur parlant sans cesse de tous les Knightley, comme elle fait avec la Jeanne Fairfax ! Le seul nom de Jeanne Fairfax donne la migraine. Chaque lettre qu'elle écrit est lue trente à quarante fois ; on fait passer ses complimens à une lieue à la ronde ; et, si elle envoie un patron de collerette à sa tante, ou qu'elle tricote une paire de jarretières pour la grand'maman, on n'entend parler d'autre chose pendant un mois. Je souhaite beaucoup de bien à Jeanne Fairfax ; mais elle m'ennuie à la mort. »

Elles approchaient alors de la chaumière, ce qui mit fin à leurs discours. Emma avait beaucoup de compassion pour les malheureux ; non-seulement elle secourait les pauvres de sa bourse, ainsi que les malades, elle soignait elle-même ceux-ci, consolait les autres, et donnait des conseils à tous. Elle était faite à leurs manières, leur pardonnait leur ignorance et leurs fautes, ne s'attendait pas à trouver de grandes vertus parmi des gens qui n'avaient eu aucune espèce d'éducation : elle entrait dans toutes leurs peines, et les secours qu'elle prodiguait étaient une preuve de son intelligence et de sa bonté. Cette fois-ci, elle visitait la pauvreté et la maladie ; et après avoir demeuré dans la chaumière autant de temps qu'il en fallait pour donner des secours aux affligés, elle quitta cet asile du malheur avec une telle impression de la scène qu'elle avait eue devant les yeux, qu'elle dit à Henriette en sortant :

« Une telle vue, Henriette, fait du

bien. L'on regarde les autres événemens comme des bagatelles. Il me semble que, de toute la journée, je ne penserai qu'à ces pauvres créatures ; et cependant qui sait en combien peu de temps tout cela s'évanouira de mon esprit. »

« C'est bien vrai, dit Henriette. Pauvres créatures ! On ne peut penser à autre chose. »

« Je suis convaincue que cette impression ne passera pas si tôt, » dit Emma, en passant par dessus une petite haie et les escaliers peu sûrs, qui terminaient l'allée étroite du jardin de la chaumière, et les fit rentrer dans le grand chemin. « Je ne crois pas que cela m'arrive, » dit-elle en s'arrêtant pour contempler la misérable apparence de la chaumière, et se rappeler la situation plus misérable encore de ses habitans.

« Oh! ma chère, non, » s'écria sa compagne. Elles poursuivirent leur route. Le chemin faisait un détour peu loin de l'endroit où elles étaient, et, après l'avoir passé, elles aperçurent M. Elton; il était si près, qu'Emma n'eut que le temps de dire :

« Ah! Henriette, voici la pierre de touche qui va prouver la stabilité de nos pensées. »

« Après tout, ajouta-t-elle en souriant, je me flatte qu'on conviendra que, lorsque la compassion a procuré des secours aux malheureux, on doit être satisfait. Si nous sentons assez vivement les peines d'autrui pour y apporter le remède qui est en notre pouvoir, le reste n'est qu'une sympathie vide de sens, et qui ne peut que nous faire de la peine. »

Henriette ne put dire que : « Oh! oui, ma chère, » avant que M. Elton les joignît. Les besoins et les souffrances de la pauvre famille qu'Emma avait visitée furent d'abord le sujet de la conversation. M. Elton était sorti de chez lui pour l'aller visiter : il suspendait sa visite ; mais ils s'entretinrent de ce qu'on pouvait et de ce qu'on devait faire pour elle : après quoi, M. Elton se retourna pour les accompagner.

« Se rencontrer ainsi, pour le même sujet, pensa Emma, va redoubler l'amour qu'ils ont l'un pour l'autre. Je ne serais pas surprise que cela n'amenât une déclaration. La chose arriverait, si je n'étais pas ici. Je désirerais être ailleurs. »

Empressée de se séparer d'eux, autant qu'il lui serait possible, elle monta sur un trottoir étroit, un peu élevé, les laissant dans le chemin : mais il n'y avait pas deux minutes qu'elle y était, qu'elle vit que l'habitude de la dépendance et de l'imitation que possédait Henriette, lui faisait quitter le chemin, et que dans peu elle les aurait tous les deux après elle. Cela la contrariait; elle s'arrêta tout court, sous prétexte de raccommoder le lacet de son brodequin; et, se baissant au milieu du trottoir, elle les pria d'aller en avant, et dit qu'elle les rejoindrait dans la minute. Ils firent ce qu'elle désirait; et lorsqu'elle jugea qu'elle avait donné un temps raisonnable à réparer sa chaussure, elle eut encore la satisfaction de pouvoir retarder sa marche. Un enfant de la chaumière la joignit; il se rendait à Hartfield, par ses ordres, pour aller chercher du bouillon. De faire marcher l'enfant à côté d'elle, de causer, de lui faire des questions, tout cela était très-naturel, ou du moins l'aurait été, si elle avait agi sans dessein, et les autres gardaient leur avance sans être obligés de l'attendre. Cependant, sans le vouloir, elle gagnait sur eux ; l'enfant marchait vite et eux doucement. Cette circonstance lui faisait d'autant plus de peine, qu'ils paraissaient parler de choses qui les intéressaient. M. Elton était animé, parlait avec feu : Henriette l'écoutait avec une grande attention ; et Emma ayant congédié l'enfant, songeait au moyen de se reculer un peu, lorsque tous deux se retournant, elle fut obligée de les rejoindre.

M. Elton parlait encore, et paraissait engagé dans quelques détails curieux ; mais quelle fut la surprise d'Emma, lorsqu'elle trouva qu'il ne faisait à sa jolie compagne, que le récit de ce qui s'était passé au dîner de son ami Cole, et qu'elle arrivait elle-même pour entendre vanter le fromage de Stilton, le beurre, le céleri, et enfin le dessert. Elle se consola, en pensant que ce discours les aurait conduits à quelque chose de plus intéressant. « Car, se disait-elle, tout plaît à ceux qui aiment, et tout sert d'introduction à ce qui est près du cœur. Oh ! si j'avais pu rester en arrière plus long-temps ! »

Ils marchèrent tranquillement ensemble, jusqu'à ce qu'ils fussent en vue de l'enceinte du presbytère, lorsqu'une résolution soudaine de faire au moins entrer Henriette dans la maison, lui fit trouver encore quelque chose à arranger à son brodequin ; elle s'arrêta ; elle cassa le lacet le plus court qu'elle put, le jeta dans un fossé, et les pria de s'arrêter, prétendant que sans quelqu'assistance, elle ne pourrait pas se rendre chez elle.

« J'ai perdu mon lacet, dit-elle, et je ne sais que faire. Il faut avouer que je suis une ennuyeuse compagne. A la vérité je ne suis pas toujours aussi mal équipée. M. Elton., permettez-moi d'entrer chez vous et de demander à votre femme de charge un peu de ruban ou de ficelle, pour que je ne perde pas mon brodequin. »

Cette demande fit tressaillir M. Elton de joie, et rien ne peut égaler sa promptitude à les introduire chez lui. La chambre dans laquelle on les conduisit, était celle qu'il occupait ordinairement et qui donnait sur le devant. Derrière il y en avait une autre qui y communiquait; la porte était ouverte, et Emma y passa avec la femme de charge, pour réparer de son mieux le désordre de sa chaussure. Elle laissa la porte entr'ouverte, comme elle l'avait trouvée, espérant que M. Elton la fermerait : elle se trompa; mais en engageant la femme de charge à causer; elle lui donnait la liberté de choisir, dans l'autre chambre, le sujet de sa conversation avec Henriette. Pendant dix minutes elle n'entendit rien. Ne pouvant retarder plus long-temps, elle reparut. Les amans s'étaient mis tous deux à la fenêtre, ce qui lui parut d'un bon augure, et pendant une minute, Emma s'applaudit de son stratagême. Mais il n'y avait rien de fait; il n'en était pas venu au point qu'on désirait. Il avait été charmant; il racontait à Henriette que les ayant vu passer, il s'était empressé de les suivre : il avait hasardé quelques propos galans, quelques allusions, mais rien de sérieux.

« Très-circonspect, très-prudent, pensa Emma, il fait les approches pied à pied, il ne s'aventurera qu'à bon escient. »

Quoique son ingénieux stratagême

n'eût pas réussi au gré de ses désirs, elle put au moins se glorifier de leur avoir fait passer quelques instans délicieux, ce qui serait sans doute un pas de plus vers le grand événement.

CHAPITRE XI.

MAINTENANT, M. Elton devait être abandonné à lui-même. Il ne dépendait plus d'Emma de surveiller son bonheur, ni d'accélérer ses mesures. L'arrivée de sa sœur et de sa famille était prochaine ; elle s'était occupée par anticipation, et devait alors réellement faire toutes les dispositions nécessaires à leur réception ; et pendant les dix jours que cette famille passerait à Hartfield, on ne pouvait pas s'attendre, et elle-même n'espérait pas pouvoir prêter aucune assistance à ces deux amans, excepté par hasard ou en passant. Il ne tenait qu'à eux de presser leurs affaires, mais elle pensait que de quelque manière qu'ils procédassent, ils ne pouvaient manquer d'avancer, même malgré eux. Elle ne désirait pas avoir de temps de reste pour songer à eux. Il y a des gens qui, plus on fait pour eux, moins ils font pour eux-mêmes.

Comme il y avait long-temps que M. et madame Knightley n'étaient venus à Hartfield, leur arrivée causait plus d'intérêt que de coutume. Jusqu'à cette année, le temps des vacations avait été partagé entre Hartfield et l'abbaye de Donwell ; mais toutes celles de l'automne avaient été employées aux bains de mer, pour la santé des enfans ; et il y avait plusieurs mois qu'on ne les avait vus régulièrement au milieu de leurs amis, dans le comté de Surry, et pas du tout par M. Woodhouse, qu'on n'avait jamais pu engager à faire le voyage de Londres, pour voir la pauvre Isabelle, et qui, en conséquence, était au comble du bonheur, en anticipant cette trop courte visite.

Il craignait les dangers du voyage pour sa chère fille, et la fatigue qu'éprouveraient ses chevaux et son cocher, qui devaient aller chercher une partie de la famille, à moitié chemin. Mais les craintes furent vaines, les seize milles furent parcourus sans accident, et M. Jean Knightley, sa femme, ses enfans et un nombre compétent de bonnes, arrivèrent heureusement sains et saufs à Hartfield.

Le fracas, la joie que cette arrivée occasionna; le grand nombre de personnes à qui l'on devait parler, celles qu'on devait féliciter, placer, etc., causèrent une telle confusion, que dans toute autre circonstance les nerfs de M. Woodhouse n'auraient pu la supporter; mais les usages d'Hartfield, les sensations de son père étaient trop respectés par madame Knightley, pour que, malgré sa sollicitude maternelle de donner à ses enfans toutes les jouissances possibles, de leur procurer, sur-le-champ, les soins des bonnes, à boire, à manger, à dormir, à jouer, etc., etc., elle ne permit jamais à ses enfans ni à leurs bonnes de l'importuner long-temps.

Madame Knightley était une jolie petite femme, très-élégante; ses manières étaient douces; elle était remplie d'amabilité et d'affection : concentrée dans sa famille, épouse dévouée, aimant ses enfans à l'excès, et si tendrement attachée à son père et à sa sœur, que quand bien même elle n'eût pas contracté d'autres liens, son attachement pour eux n'aurait pu augmenter. Elle ne trouvait jamais rien à redire en eux. Elle n'avait pas beaucoup de pénétration ni de vivacité d'esprit, et avec cette ressemblance à son père, elle avait encore beaucoup de son tempérament; sa santé était délicate; trop soigneuse de celle de ses enfans, elle était craintive et sujette aux maux de nerfs, et aussi partiale à un M. Wingfield, à Londres, que son père l'était à M. Perry. Elle lui ressemblait aussi en bienveillance générale, et avait comme lui beaucoup d'égards pour ses anciennes connaissances.

M. Jean Knightley était grand, avait l'air d'un homme bien né, était très-instruit; distingué dans sa profession, il jouissait d'une excellente réputation; mais sa trop grande réserve faisait qu'il ne plaisait pas à tout le monde. Son humeur n'était pas toujours égale. On ne pouvait pas lui reprocher d'avoir un mauvais caractère, ni de s'emporter trop souvent; mais ce n'était pas par l'humeur qu'il brillait le plus.

A la vérité, avec une épouse aussi dévouée, il ne pouvait pas se corriger. L'extrême douceur de l'humeur de l'une aigrissait quelquefois celle de l'autre. M. Jean Knightley avait toute la pénétration et la vivacité d'esprit possibles. Ces qualités manquaient tout à fait à son épouse. Il était quelquefois peu gracieux avec elle, ou lui parlait durement. Il n'était pas le favori de sa charmante belle-sœur. Elle ressentait vivement les petits torts qu'il avait envers Isabelle, et celle-ci ne s'en apercevait même pas. Elle les lui eût peut-être pardonnés, si ses manières avaient été plus flatteuses ; mais il n'avait que celles d'un bon frère, d'un ami, qui n'était ni louangeur ni aveuglé. Au reste, quelques complimens qu'il lui eût faits, n'eussent pu lui faire oublier la faute qu'il commettait quelquefois, la plus grande de toutes à ses yeux, celle de n'être pas assez patient et respectueux avec son père. Les singularités, l'agitation continuelle de M. Woodhouse le poussaient souvent à lui adresser des remontrances raisonnables, ou d'aigres réparties ; les unes et les autres mal appliquées. Cela n'arrivait pas souvent, car M. Knightley avait véritablement un très-grand respect pour son beau-père, et sentait ce qui lui était dû. Emma croyait que cela arrivait trop souvent, et souffrait toujours de l'appréhension qu'une nouvelle faute ne fût commise, quoiqu'elle ne le fût pas. Cependant le commencement de chaque visite s'étant toujours passé convenablement, et celle-ci, par nécessité, devant être si courte, elle espérait qu'elle ne produirait aucun désagrément. Il n'y avait pas long-temps qu'ils étaient assis et remis un peu de l'agitation du premier moment, lorsque

M. Woodhouse, d'un ton mélancolique, secouant la tête, et soupirant, éveilla l'attention de sa fille, sur le malheureux changement arrivé à Hartfield, depuis sa dernière visite.

« Ah ! ma chère, dit-il, la pauvre demoiselle Taylor. C'est une affaire bien triste. »

Isabelle, sympathisant avec lui, s'écria : « Oh ! oui, que vous devez la trouver à redire, et la pauvre Emma aussi ! Quelle terrible perte pour vous deux ! J'en ai été si affligée pour vous ! Je n'ai jamais pu m'imaginer que vous pussiez vous passer d'elle ! Fâcheux changement en vérité ! Je me flatte qu'elle est en bonne santé ? »

« Assez bien, ma chère, assez bien. Je crois que l'air de l'endroit où elle réside lui convient assez. »

M. Jean Knightley demanda ici tranquillement à Emma si l'on avait jamais eu de doute sur l'air de Randalls.

« Oh! non, du tout. Je n'ai jamais vu madame Weston se mieux porter; papa ne parle que de ses regrets. »

« Cela fait honneur à tous deux, » fut sa réponse.

« Et la voyez-vous assez souvent, papa? » demanda Isabelle du ton plaintif qui convenait à M. Woodhouse.

Il hésita. « Pas à beaucoup près aussi souvent que je le désirerais. »

« Oh! papa, nous n'avons passé qu'une seule journée sans les voir, depuis leur mariage. Le matin ou le soir de chaque jour, excepté d'un seul, nous avons vu monsieur ou madame Weston, et en général tous les deux, à Randalls ou ici, et comme vous pouvez penser, le plus souvent ici. Ils sont très-obligeans dans leurs visites, tant monsieur que madame Weston.

Si vous continuez, cher papa, sur ce ton mélancolique, vous allez donner à Isabelle une fausse idée de nous tous. Tout le monde sait que nous regrettons beaucoup mademoiselle Taylor, et doit aussi être assuré que monsieur et madame Weston font tout ce qu'ils peuvent pour rendre cette perte supportable. Voilà l'exacte vérité. »

« Cela devait arriver ainsi, dit M. Jean Knightley, c'est à quoi je m'attendais, d'après vos lettres. Son désir de témoigner son attachement n'était pas douteux; et quant à lui, n'ayant rien à faire, l'attrait qu'il a pour la société rendait la chose très-facile. Je vous ai toujours dit, ma chère, (s'adressant à son épouse), que le changement arrivé à Hartfield n'était pas si terrible que vous vous l'imaginiez; maintenant que vous entendez le récit d'Emma, je me flatte que vous serez satisfaite. ».

« Oui certainement, dit M. Woodhouse, oui, j'avoue que madame Weston, cette pauvre madame Weston, vient nous voir assez souvent; mais, et puis, elle est toujours obligée de s'en retourner. »

« Ce serait bien dur pour M. Weston, papa, si elle ne s'en retournait pas. Vous oubliez tout à fait ce pauvre M. Weston. »

« Je crois, à la vérité, dit M. Jean Knightley plaisamment, que M. Weston a quelques petites prétentions. Vous et moi, Emma, pouvons risquer de prendre le parti du pauvre mari. Moi comme mari, et vous n'étant pas épouse, les prétentions du mari doivent nous frapper également tous deux. Quant à Isabelle, elle est mariée depuis assez long-temps, pour qu'elle voye la convenance de mettre de côté tous les Weston, autant qu'elle pourra. »

« Mon cher ami, s'écria son épouse, qui n'avait entendu et compris qu'une partie de son discours, parlez-vous de moi ? Je suis certaine que personne ne doit et ne peut être plus portée à défendre le mariage que moi ; et si ce n'avait été la terrible nécessité de quitter Hartfield, j'aurais toujours regardé mademoiselle Taylor comme la femme la plus heureuse du monde ; quant à mésestimer M. Weston, l'excellent M. Weston, je pense qu'il n'y a rien au-dessus de son mérite. Personne n'a un meilleur naturel que lui, excepté vous et votre frère. Je n'oublierai jamais que, par un vent horrible, c'était dans les fêtes de Pâques, il tint le cerf-volant d'Henri. Et depuis la singulière bonté qu'il eut il y a un an, en septembre dernier, de m'écrire un billet, à minuit, pour m'assurer qu'il n'y avait pas de fièvre scarlatine à Cobham, je me suis convaincue qu'il n'existait pas un cœur plus sensible que le sien, ni un meilleur homme que lui. Si une femme méritait de l'avoir pour époux, c'était très-certainement mademoiselle Taylor. »

« Où est le jeune homme, dit M. Jean Knightley, est-il venu ici à l'occasion du mariage de son père ? »

« Il n'y est pas encore venu, répliqua Emma ; on l'attendait peu après le mariage, mais en vain, et l'on n'en a plus entendu parler. »

« Mais vous devriez leur dire quelque chose de la lettre, ma chère, dit son père ; il a écrit une lettre à la pauvre madame Weston pour la féliciter ; elle était très-belle et très-bien tournée cette lettre. Elle me l'a montrée. Je trouvai que le jeune homme s'était bien conduit. Cependant, on ne peut savoir si l'idée d'écrire était bien de lui, il est si jeune, et peut-être que son oncle.... »

« Mon cher papa, il a vingt-trois ans. Vous oubliez comme le temps passe. »

« Vingt-trois ans! Les a-t-il? Je ne l'aurais jamais cru; mais il n'avait que deux ans quand il perdit sa pauvre mère. Le temps vole, et j'ai une très-mauvaise mémoire. Quoi qu'il en soit, c'était une excellente lettre, et fit le plus grand plaisir à monsieur et à madame Weston. Je me souviens qu'elle fut écrite à Weymouth, le 28 septembre, et commençait ainsi : ma chère dame ; mais j'ai oublié le reste, je me rappelle seulement très-bien qu'elle était signée F. C. Weston Churchill. »

« Que c'était bien fait à lui, s'écria la bonne madame Knightley, je ne doute pas qu'il ne soit un très-aimable jeune homme ; mais qu'il est dur qu'il ne demeure pas dans la maison de son père ! Il n'y a rien au monde de plus choquant que de voir un enfant enlevé à ses parens et à la maison paternelle ! Je n'ai jamais pu comprendre comment M. Weston avait pu se séparer de son fils. Donner son enfant ! Je n'aurai jamais bonne opinion d'une personne qui ferait une pareille proposition à une autre. »

« Je ne crois pas que personne ait jamais bien pensé des Churchill, observa froidement M. Jean Knightley ; mais ne vous imaginez pas que M. Weston, en donnant son fils, ait senti ce que vous sentiriez si vous vous sépariez d'Henri ou de Jean. M. Weston est plutôt un homme d'un caractère aisé et jovial qu'un homme vraiment sensible; il prend le temps comme il vient, s'amuse de tout; et je suppose qu'il compte plus sur ce qu'on appelle la société, pour les jouissances de la vie, c'est-à-dire, boire, manger et jouer au wisk avec les voisins cinq à six jours de la semaine, que sur les affections domestiques, et tout ce que peut lui procurer sa propre maison. »

Emma ne pouvait souffrir qu'on se permît la moindre réflexion sur la conduite de M. Weston; elle eut envie de prendre sa défense : mais elle se contint et ne dit rien. Elle désirait entretenir la paix, s'il était possible; d'ailleurs, les habitudes domestiques lui paraissaient si honorables, ainsi que les personnes qui leur donnaient la préférence sur ce qu'on appelle ordinairement *société*, que réfléchissant que son frère n'avait fait qu'exposer ses propres principes, principes qu'elle reconnaissait être très-louables, elle crut qu'il avait droit à son indulgence.

CHAPITRE XII.

M. KNIGHTLEY devait dîner avec eux, quoique M. Woodhouse ne l'approuvât pas; car il lui fâchait que qui que ce fût partageât avec lui le premier jour de l'arrivée de son Isabelle; mais le bon sens d'Emma pour tout ce qui était bien, avait décidé la question. Outre les égards qu'on devait aux deux frères, elle ressentit un grand plaisir, par rapport à la circonstance de leur dernière querelle, de lui envoyer elle-même une invitation.

Elle espérait qu'ils redeviendraient amis, crut qu'il était temps de faire la paix. *Elle* n'avait certainement pas eu tort, et *lui* n'avouerait jamais qu'il n'avait pas eu raison. Il n'y avait pas lieu à faire de concessions; mais il était temps de paraître, au moins, oublier qu'on s'était querellé. Son espérance de renouer avec M. Knightley s'augmenta par une circonstance particulière, c'est que lorsqu'il entra dans le salon, elle tenait une de ses nièces; c'était la plus jeune, une jolie petite fille de huit mois, qui venait à Hartfield pour la première fois, et paraissait très-satisfaite de sauter dans les bras de sa tante. Elle avait très-bien jugé; car quoique son regard fût sévère et ses questions laconiques, peu à peu il commença à parler des enfans comme à son ordinaire, et il prit la petite nièce des bras d'Emma avec une familiarité amicale. Emma sentit qu'ils étaient de nouveau amis: la conviction qu'elle en eut, lui causa une grande satisfaction, et lui donna un peu d'effronterie; elle ne put s'empêcher de lui dire, tandis qu'il admirait sa nièce : « Qu'il est consolant que nous ayons les mêmes idées sur nos neveux et nos nièces. Quant aux hommes et aux femmes, nous différons quelquefois d'opinion : mais à l'égard de ces enfans nous sommes toujours d'accord. »

« Si vous étiez autant guidée par la nature, dans votre manière de penser sur les hommes et sur les femmes, et aussi peu au pouvoir de la fantaisie et du caprice dans vos communications avec eux, que vous l'êtes pour ce qui regarde ces enfans, nous serions toujours du même avis. »

« Oh! certainement, nos querelles ne viennent que parce que j'ai tort. »

« Oui, dit-il en riant, il y a une bonne raison pour cela. J'avais seize ans lorsque vous êtes née. »

« Il y avait alors une grande différence entre nous, répliqua-t-elle, vous aviez sans doute plus de jugement que moi; mais croyez-vous qu'un laps de vingt et un ans n'ait pas un peu rapproché le mien du vôtre ? »

« Oui, un peu. »

« Mais pas assez cependant pour me donner la chance d'avoir raison, lorsque vous ne pensez pas comme moi. »

« J'aurai toujours sur vous l'avantage de seize ans d'expérience, et celui de n'être pas une jolie femme et un enfant gâté. Allons, ma chère Emma, soyons amis et n'en parlons plus. Dites à votre tante, petite Emma, qu'elle doit vous donner un meilleur exemple que de renouveller d'anciens griefs, et que si alors elle n'avait pas tort, elle l'a maintenant. »

« C'est très-vrai, je l'avoue, s'écriat-elle; petite Emma, deviens meilleure que ta tante, sois infiniment plus instruite, et ne t'en fais pas tant accroire. Maintenant M. Knightley, un mot ou deux de plus, et j'ai fini. Quant à l'intention, la vôtre et la mienne étaient certainement bonnes, et je puis dire que jusqu'à présent il n'est rien arrivé qui puisse prouver que j'avais tort. Il me reste à savoir que M. Martin n'ait pas violemment souffert d'avoir été trompé dans ses espérances. »

« Jamais homme n'a tant souffert, fut sa réponse. »

« Ah! j'en suis en vérité bien fâchée. Allons, donnez-moi la main. »

Ceci venait de se passer avec cordialité, lorsque M. Jean Knightley parut. Eh! comment vous portez-vous, Georges? et vous, Jean? mais avec ce calme anglais qui cachait, sous l'apparence de l'indifférence, le plus sincère attachement, attachement qui, s'il avait été nécessaire, leur aurait fait entreprendre l'impossible pour le service l'un de l'autre.

La soirée se passa tranquillement en

conversation. M. Woodhouse ayant refusé de faire la partie pour causer avec sa chère Isabelle, on se sépara en deux divisions ; d'un côté M. Woodhouse et Isabelle, et MM. Knightley de l'autre. Leur conversation n'était pas la même. Emma se mêlait tantôt à l'une, tantôt à l'autre.

Les frères parlèrent de leurs affaires et de leurs plans ; mais principalement de ceux de l'aîné qui était plus communicatif que l'autre. En qualité de magistrat, il consultait Jean sur quelques points de loi, ou lui racontait quelques anecdotes. Comme fermier, et faisant valoir lui-même sa ferme de Donwell, il avait à faire le détail de ce que chaque champ devait rapporter l'année prochaine, lui donner toutes les informations locales qui ne pouvaient pas manquer d'intéresser un frère qui avait passé la meilleure partie de sa vie dans la maison paternelle, et pour laquelle il avait un très-grand attachement. Le projet d'un canal, celui de changer une clôture, d'abattre des arbres, et la destination à donner à tous les arpens, soit en blé, navets, etc., furent discutés avec un intérêt que Jean partageait également avec son frère, autant que sa froideur naturelle le permettait : et si son aîné lui donnait lieu de demander quelques explications, il le faisait avec une espèce de chaleur.

Tandis qu'ils s'amusaient ainsi, M. Woodhouse jouissait de son côté, avec sa fille, de ses heureux regrets et de ses afflictions bénévoles.

« Ma très-chère Isabelle, dit-il en lui pressant tendrement la main, et lui faisant quitter, pour un moment, les soins que l'amour maternel lui faisait prodiguer à ses enfans, qu'il y a long-temps, très-long-temps que vous n'êtes venue ici! Que vous devez être fatiguée d'un si long voyage! Il faut que vous vous couchiez de bonne heure, ma chère; et je vous recommande un peu de gruau avant d'aller au lit. Vous et moi nous aurons une excellente écuellée de gruau. Ma chère Emma, faites-nous donner à tous une bonne écuellée de gruau. »

Emma ne tint aucun compte de cette demande, sachant que les Knightley ne l'aimaient pas plus qu'elle; elle n'en ordonna que deux.

Après avoir un peu parlé de l'efficacité du gruau, et exprimé son étonnement de ce que tout le monde n'en prenait pas tous les soirs, il dit avec un air qui indiquait qu'il avait fait de longues réflexions : « Vous avez bien mal fait, ma chère, de passer l'automne à South-End, au lieu de venir ici. Je n'ai jamais eu bonne opinion de l'air de la mer. »

« M. Wingfield nous en a fortement recommandé l'air et les bains pour les enfans en général, et particulièrement pour le mal de gorge de la petite Bella; autrement nous n'y aurions pas été. »

« Ah! ma chère, Perry doute fort que la mer pût lui faire aucun bien; et quant à moi, je suis convaincu, quoique je ne vous l'aie jamais dit, que la mer ne rend service à personne, et je suis sûr qu'elle a manqué me coûter la vie. »

« Allons, allons, s'écria Emma, qui sentait que le sujet de la conversation était dangereux, je vous prie de ne pas parler de la mer, cela m'afflige et me donne de la jalousie ; moi qui ne l'ai jamais vue. Il est défendu de parler de South-End, s'il vous plaît. Ma chère Isabelle, vous ne vous êtes pas encore informée de M. Perry, et cependant il ne vous a jamais oubliée. »

« Oh! le bon M. Perry, comment se porte-t-il, papa? »

« Assez bien, mais pas tout à fait bien, il m'a souvent dit qu'il était billieux, mais qu'il n'avait pas le temps de se soigner, ce qui est horrible; mais tout le pays en a besoin. Je ne crois pas qu'il existe nulle part un homme qui ait autant de pratiques que lui. Mais aussi il est impossible de trouver un plus habile homme. »

« Et madame Perry, et ses enfans comment se portent-ils? grandissent-ils? »

« J'ai beaucoup de considération pour M. Perry; je me flatte qu'il viendra bientôt ici. Il sera si content de voir mes enfans. »

« J'espère que nous l'aurons demain, car j'ai à lui faire une ou deux questions très-importantes à mon sujet. Et, ma chère, lorsqu'il viendra, vous ferez bien de lui faire examiner la gorge de la petite Bella. »

« Oh! mon cher papa, elle va tellement mieux, que j'ai fort peu d'inquiétude pour elle. Les bains de mer lui ont fait du bien, ou l'on doit sa guérison à une excellente fomentation ordonnée par M. Wingfield, et que nous lui appliquons depuis le mois d'août. »

« Il n'est pas probable, ma chère, que les bains de mer lui aient été utiles; et si j'avais su que les fomentations étaient nécessaires, j'aurais parlé à.... »

« Il me paraît que vous avez oublié madame et mademoiselle Bates, dit Emma, je n'ai entendu personne demander de leurs nouvelles. »

« Oh! les bonnes Bates, j'ai honte de moi-même; mais vous m'en parlez dans presque toutes vos lettres. Je me flatte qu'elles se portent bien. La bonne vieille dame Bates. Je lui rendrai visite demain, et je mènerai tous mes enfans avec moi. Elles aiment tant à les voir. Et cette excellente demoiselle Bates! Quelles bonnes gens, comment se portent-ils tous? »

« Assez bien, ma chère; mais la pauvre madame Bates a eu un terrible rhume il y a un mois. »

« Que j'en suis fâchée! Jamais les rhumes n'ont été si communs que cette automne. M. Wingfield m'a dit qu'il ne les avait jamais vus si fréquens ni si dangereux, excepté lorsqu'il y avait une *influenza*. »

« Il y a du vrai en cela, ma chère, mais pas au degré dont vous parlez. Perry dit que les rhumes ont régné, en général; mais qu'ils n'étaient pas à craindre comme ceux qu'il avait vus dans le mois de novembre. Perry ne pense pas qu'il y ait beaucoup de maladies dans cette saison. »

« Non, je ne crois pas que M. Wingfield pense qu'il y règne beaucoup de maladies, excepté.... »

« Ah! ma chère fille, on est toujours malade à Londres. Personne ne se porte bien à Londres ; la chose est impossible. Il est bien malheureux que vous soyez forcée d'y vivre! Si loin, et respirer un air si mauvais ! »

« Non, en vérité, nous ne respirons pas un mauvais air. La partie que nous habitons est si supérieure aux autres ! Il ne faut pas confondre notre situation avec celle des autres quartiers de la ville, mon cher papa. Les environs de Brunswick-Square sont très-différens de presque tout le reste. Nous avons un si bon air ! Je n'habiterais pas volontiers dans aucun autre quartier de la ville; et j'y verrais avec peine mes enfans forcés d'y demeurer. Mais nous avons un si bon air! M. Wingfield dit que le vicinité de Brunswick-Square est le seul salubre, à cause de l'air qu'on y respire. »

« Ah! ma chère, il ne ressemble point à celui d'Hartfield. Vous vantez le vôtre; mais quand vous demeurez huit jours à Hartfield, vous êtes tout à fait d'autres créatures; vous ne vous ressemblez plus à vous-même. Maintenant je dois vous dire que vous ne paraissez pas du tout en bonne santé. »

« Je suis fâchée de vous entendre parler ainsi, mon cher papa, mais je vous assure qu'excepté ces petits maux de tête nerveux, et ces palpitations dont je ne suis exempte nulle part, je me porte très-bien; et si les enfans étaient pâles avant d'aller se coucher, c'était parce qu'ils étaient fatigués du voyage et du plaisir qu'ils avaient de venir ici. Je suis persuadée que vous les trouverez mieux demain ; car je vous assure que M. Wingfield m'a dit qu'à tout prendre, il ne nous avait jamais vu partir en aussi bonne santé. Je me flatte au moins que vous ne penserez pas que M. Knightley se porte mal ? Et elle regarda son mari avec attendrissement. »

« Couci, couci, ma chère, je ne puis vous en faire compliment. Je suis loin de croire que M. Jean Knightley ait bonne mine. »

« Qu'y a-t-il, monsieur ? M'avez-vous parlé ? s'écria M. Jean Knightley, en entendant prononcer son nom. »

« Je suis bien fâchée, mon cher ami, que mon père trouve que vous n'avez pas bonne mine ; mais je me flatte que ce n'est qu'un peu de fatigue. J'aurais désiré que vous eussiez voulu, comme je vous en priais, consulter M. Wingfield avant notre départ. »

« Ma chère Isabelle, s'écria-t-il vivement, je vous prie de ne pas faire attention à ma mine. Contentez-vous de médicamenter, de mitonner vos enfans, ainsi que vous-même, et permettez-moi d'avoir la mine qui me plaît. »

« Je n'ai pas bien compris ce que vous disiez à votre frère, s'écria Emma, concernant votre ami Graham, et l'intention qu'il avait de faire venir d'Ecosse un gérent pour ses nouvelles propriétés. Réussira-t-il ? Le vieux préjugé ne l'emportera-t-il pas ? »

Elle continua à parler de cette manière et avec succès, jusqu'à ce que forcée de tourner son attention vers son père et sa sœur, elle n'eût rien de pis à entendre que les questions qu'elle faisait sur mademoiselle Fairfax. Cependant ce n'était pas une de ses favorites, et néanmoins elle prenait un grand plaisir à la louer.

« Cette douce, cette aimable demoiselle Fairfax ! dit madame Knightley, il y a si long-temps que je ne l'ai vue, excepté quelques instans, par hasard en ville ! Quel bonheur pour sa bonne grand'maman et son excellente tante quand elle va les visiter ! Je regrette beaucoup pour ma chère Emma, qu'elle ne puisse rester que peu de temps à Highbury. Mais à présent que leur fille est mariée, je présume que le colonel et madame Campbell ne peuvent guère la laisser aller. Ce serait une agréable compagne pour Emma. »

M. Woodhouse donna son assentiment, mais ajouta :

« Notre petite Henriette Smith est aussi une très-jeune et jolie personne. Vous aimerez Henriette. Emma ne peut avoir de plus aimable compagne qu'Henriette. »

« Je suis enchantée d'apprendre cela, mais j'observerai seulement que Jeanne Fairfax, comme tout le monde le sait, est une personne accomplie et d'un mérite supérieur; de plus elle est exactement de l'âge d'Emma. »

On s'étendit avec satisfaction sur ce sujet, et on passa à d'autres tout aussi importans, avec le même succès et la même bonne harmonie; mais la soirée ne se termina pas sans agitation. On remit le gruau sur le tapis : ce sujet fournit ample matière à la conversation. On loua cet aliment, on fit des commentaires. Il fut décidé à l'unanimité qu'il était très-sain et convenait à toutes les constitutions. Quelques traits satyriques furent lancés sur les maisons où l'on ne savait pas le préparer. Mais malheureusement, parmi les méprises qu'Isabelle avait à présenter, la plus récente et la plus grande était celle de sa cuisinière à South-End : on l'avait prise pour la saison, et jamais on n'avait pu lui faire comprendre ce qu'on entendait par du gruau uni, propre, clair, mais pas trop. Il arrivait souvent qu'après l'avoir ordonné tel, elle lui en apportait qui n'était pas présentable. Ce sujet était scabreux.

« Ah ! dit M. Woodhouse, secouant la tête, et regardant sa fille avec des yeux attendris. » Cette éjaculation frappant les oreilles d'Emma, elle se dit en elle-même : « Ah ! on n'en finira pas sur les funestes conséquences de ce voyage de South-End. Cela ne vaut pas la peine d'en parler. »

Elle se flatta qu'il n'en dirait plus rien, et que des réflexions silencieuses suffiraient pour le rappeler à son goût pour son gruau. Cependant, après un moment de silence, il recommença à dire :

« Je regretterai toujours que vous ayez été à la mer cette automne, au lieu de venir ici. »

« Mais pourquoi en seriez-vous fâché, papa ? je vous assure que ce voyage a fait beaucoup de bien aux enfans. »

« Et enfin, s'il était absolument nécessaire d'aller à la mer, vous n'auriez pas dû choisir South-End. Cette place est malsaine. Perry a été surpris d'apprendre que vous vous soyez déterminée pour South-End. »

« Je sais que plusieurs personnes pensent ainsi; mais elles sont dans l'erreur : nous nous y sommes tous très-bien portés, et n'avons nullement été incommodés de l'odeur de la boue; et M. Wingfield assure que c'est se tromper que de croire que cette place soit malsaine; et certainement on peut l'en croire, car il a une parfaite connaissance de la nature de l'air : d'ailleurs, son propre frère s'y est souvent rendu avec toute sa famille. »

« Vous auriez dû aller à Cromer, ma chère, si vous étiez forcée d'aller quelque part. Perry a passé une fois toute une semaine à Cromer; et il le regarde comme le meilleur endroit pour y prendre des bains de mer. Une belle mer ouverte, et un air excellent. De plus, vous auriez pu avoir un logement à un quart de mille de la mer. Vous auriez dû consulter Perry. »

« Mais, papa, il faut aussi considérer la différence du voyage : cent milles au lieu de quarante. »

« Ah ! ma chère, quand la santé en dépend, comme dit Perry, on ne doit rien considérer; et lorsqu'on doit voyager, il y a peu de différence entre cent ou quarante milles. Il vaut mieux rester à la maison, et toujours demeurer à Londres, que d'aller respirer un plus mauvais air. C'est justement ce qu'a dit Perry. Cette mesure lui a paru mauvaise. »

Emma avait fait de vains efforts pour arrêter son père ; et lorsqu'il eut fini cette sentence, elle ne fut pas surprise d'entendre son beau-frère s'écrier avec vivacité. »

« M. Perry ferait mieux de garder ses opinions pour lui, jusqu'à ce qu'on les lui demande. Je voudrais bien savoir de quel droit il se mêle de ce que je fais? de ce que je conduis ma famille sur une partie de la côte plutôt que sur une autre? Il m'est permis, sans doute, de me servir de mon jugement, comme à M. Perry du sien. Je n'ai pas plus besoin de ses conseils que de ses drogues. »

Il s'arrêta ; et radoucissant son ton, il ajouta avec une froide causticité : Si M. Perry veut m'enseigner le moyen de conduire une femme et cinq enfans à cent trente milles de Londres, à aussi bon marché et aussi commodément qu'à quarante, je préférerais, comme lui, Cromer à South-End.

« C'est bien dit, c'est bien dit, s'écria M. Knightley ; on doit considérer cela. Mais, Jean, je ne crois pas qu'il y ait aucune difficulté à exécuter le projet dont je vous ai parlé de changer le sentier vers Langham, en tournant un peu à droite, de manière à ce que la prairie de la maison ne soit pas traversée. Je ne l'entreprendrais pas, si cela incommodait le moins du monde les habitans d'Highbury, mais vous vous souvenez de la ligne que décrit ce sentier? Au reste, la meilleure manière de prouver mon assertion, est de consulter la carte. Je vous verrai, je l'espère, demain à l'abbaye; nous l'examinerons ensemble, et vous me donnerez votre opinion. »

M. Woodhouse fut sensiblement piqué des termes un peu durs dont on s'était servi envers son ami M. Perry, à qui, en effet, sans le savoir, il devait partie de ses sensations et des expressions dont il se servait ; mais ses filles, par leurs attentions délicates, amortirent graduellement l'impression qu'avait faite le discours de M. Jean Knightley ; et la prévoyance de l'aîné, ainsi que la modération du cadet, prévinrent le mal qui pouvait en arriver.

CHAPITRE XIII.

Il n'y avait pas au monde une créature plus heureuse que madame Knightley; dans cette courte visite qu'elle faisait à Hartfield, elle allait tous les matins voir ses anciennes connaissances avec ses cinq enfans, et racontant tout ce qui s'était passé la veille entre son père, sa sœur et elle. Elle n'avait d'autre désir que d'empêcher les jours de s'écouler si vite.

En général, à Hartfield, on voyait moins les amis le soir que le matin. Cependant il fut impossible, quoique aux fêtes de Noël, de refuser d'accepter un dîner hors de la maison. L'on ne pouvait résister à une pressante invitation de M. Weston. M. Woodhouse lui-même vit que la chose était possible, et préférable à la division qui s'opérait chez lui après dîner. Il aurait bien fait quelques difficultés, quant aux moyens de conduire tant de personnes à Randalls, s'il avait pu; mais comme la voiture de son gendre et de sa fille était à Hartfield, il ne fit qu'une seule question, et Emma ne perdit pas beaucoup de temps à le convaincre qu'Henriette, outre toute la compagnie, trouverait encore place dans une des voitures.

Henriette, MM. Knightley et Elton furent les seules personnes invitées, comme faisant partie de la société. On devait dîner de bonne heure, et en petit comité; car on consultait en tout le goût et les inclinations de M. Woodhouse.

La veille de ce grand événement (car c'en était un très-grand de voir M. Woodhouse dîner hors de chez lui un 24 décembre) Henriette avait passé la soirée à Hartfield ; elle s'était retirée avec un si gros rhume, qu'Emma n'aurait pas permis qu'elle quittât la maison, sans l'extrême envie qu'elle avait d'être soignée par madame Goddard. Emma s'y rendit le lendemain, et vit qu'il lui serait impossible de la mener à Randalls. Elle avait la fièvre et un grand mal de gorge. Madame Goddard était pleine d'attention pour elle; on parla de M. Perry, et Henriette se sentait si mal, qu'elle vit bien qu'il fallait renoncer à cette partie ; mais elle ne put s'empêcher de verser bien des larmes de s'en voir privée.

Emma resta auprès d'elle aussi long-temps qu'elle put, pour la soigner pendant les courtes absences que madame Goddard était obligée de faire : elle lui releva le courage en lui représentant combien M. Elton souffrirait, quand il aurait connaissance de sa situation. Elle la laissa assez tranquille, et dans la douce espérance que M. Elton ne s'amuserait pas, et que tout le monde regretterait qu'elle ne fût pas de la fête. Elle était à peine sortie de chez madame Goddard, qu'elle rencontra M. Elton qui paraissait y aller, et ils marchèrent doucement ensemble, en s'entretenant de la belle indisposée. Il allait, dit-il, sur le bruit de sa maladie, en demander des nouvelles, afin de lui en donner à Hartfield. Ils rencontrèrent M. Jean Knightley qui revenait de sa visite journalière à Donwell, avec ses deux aînés, qui, à leur mine joyeuse, à leur air de santé, prouvaient combien il était salutaire de courir la campagne; ils semblaient devoir faire honneur au rôti de mouton et au pouding qui les attendait à la maison. Emma faisait le détail de la maladie de son amie : une violente inflammation à la gorge, beaucoup de chaleur par tout le corps, le pouls faible, mais battant avec vitesse, etc. Elle était fâchée de dire qu'elle avait appris de madame Goddard qu'Henriette était très-sujette aux maux de gorge, qu'elle en avait été alarmée plusieurs fois. M. Elton parut effrayé, et s'écria :

« Un mal de gorge ! Mais il n'est pas contagieux, j'espère ! Perry l'a-t-il vue ? Vous devriez prendre soin de vous, aussi-bien que de votre amie. Permettez-moi de vous supplier de ne pas vous exposer. Pourquoi Perry ne l'a-t-il pas vue ? »

Emma, qui n'avait aucune crainte, essaya de le tranquilliser sur ses appréhensions, en l'assurant de l'expérience et des soins de madame Goddard : mais comme elle ne voulait pas les lui ôter tout à fait, au contraire, elle désirait qu'il en rétînt une portion ; elle ajouta, en changeant de sujet.

« Il fait si froid, si froid, et il paraît que nous aurons de la neige ; j'en suis si certaine, que, si ce n'était pas à Randalls, et avec une telle compagnie, je ferais tout mon possible pour rester à la maison aujourd'hui, et dissuader mon père de s'exposer ; mais il s'y est décidé, il paraît qu'il ne sent pas le froid du tout : ainsi je ne veux pas m'en mêler ; car je sais que monsieur et madame Weston seraient mortellement offensés si nous leur manquions de parole. Quant à vous, M. Elton, je pense que vous pouvez vous excuser d'y aller. Il me semble que vous êtes déjà un peu enrhumé ; faites attention à la fatigue que vous supporterez demain, aux longs discours que vous serez obligé de prononcer, et je suis persuadée que vous penserez qu'il serait prudent de rester à la maison et de vous soigner.

M. Elton eut l'air de ne savoir que répondre, car quoiqu'il fût très-flatté des soins qu'une aussi jolie personne prenait de lui, et qu'il fût loin d'avoir envie de mépriser ses avis, il était loin aussi de penser à manquer à l'invitation de M. Weston : mais Emma, trop portée à croire aux notions qu'elle s'était formées de lui, à sa coutume de l'écouter avec partialité, fut très-satisfaite de l'entendre dire entre les dents, qu'il reconnaissait qu'il était fort enrhumé. Il continua à dire en marchant, qu'il était heureux d'être débarrassé du dîner à Randalls, et d'avoir la facilité de savoir des nouvelles d'Henriette à chaque heure de la soirée.

« Vous faites fort bien » lui dit-elle.

« Nous vous excuserons auprès de monsieur et de madame Weston. »

A peine avait-elle cessé de parler, qu'elle trouva que son frère venait d'offrir très-poliment une place dans sa voiture à M. Elton, s'il n'avait pas d'autre raison que le mauvais tems pour s'excuser d'aller à Randalls, et que M. Elton avait accepté cette offre avec beaucoup de plaisir. C'était une affaire terminée : M. Elton devait être de la partie, et jamais sa charmante figure n'exprima mieux la satisfaction qu'il ressentait dans ce moment.

Son sourire fut plus marqué, et son regard plus expressif qu'à l'ordinaire, lorsqu'il jeta les yeux sur elle après cet arrangement.

« Fort bien, se dit Emma, voilà qui est étrange ! Après l'avoir si heureusement dégagé de sa parole, de désirer d'être de la partie et de laisser Henriette malade ! C'est en vérité bien étrange ! Mais il y a, je crois, chez les hommes et surtout chez les célibataires une telle inclination, une telle passion pour dîner dehors, qu'une invitation fait la meilleure partie de leurs plaisirs, ils lui sacrifieraient tout, leur temps, leur dignité, quelquefois même leur devoir : il faut qu'il en soit de même avec M. Elton, jeune homme aimable, qui plaît et certainement estimable, surtout très-amoureux d'Henriette ; et cependant il ne peut refuser une invitation ! Quelle chose étrange que l'amour ! Il découvre dans Henriette un esprit pénétrant, et il ne peut dîner seul pour l'amour d'elle. »

Peu après, M. Elton les quitta, elle lui rendit justice, et lui sut gré de la manière sentimentale avec laquelle il nomma Henriette en partant, du ton de sa voix, lorsqu'il lui assura qu'il passerait chez madame Goddard pour lui rapporter des nouvelles de sa belle amie. Ce serait la dernière chose qu'il ferait avant de se préparer au bonheur de la revoir, espérant avoir d'heureuses nouvelles à lui apprendre. Son agréable sourire et ses soupirs en la quittant méritèrent son approbation.

Après un moment de silence, M. Jean Knightley, dit : « Je n'ai jamais vu de ma vie un homme aussi occupé du désir de se rendre agréable comme ce M. Elton : c'est un véritable travail pour lui, vis-à-vis du beau sexe.

Avec les hommes, il paraît naturel et sans affectation ; mais quand il s'agit de plaire aux dames, tous ses muscles, toutes ses facultés sont en jeu. »

« Les manières de M. Elton ne sont pas parfaites, dit Emma; mais lorsqu'il s'agit du désir de plaire, on doit tout pardonner, et c'est ce qui arrive toujours. Quand un homme, avec des talens modérés, fait tous ses efforts pour se rendre agréable, il l'emporte souvent sur l'homme qui lui est supérieur, mais qui néglige ses avantages. M. Elton est d'un si bon naturel et a tant de bonne volonté à obliger, qu'on doit lui savoir gré de posséder ces qualités. »

« Oui, répliqua M. Jean Knightley avec finesse, il a beaucoup de bonne volonté pour vous. »

« Pour moi ! répondit Emma avec un sourire de surprise, vous imaginez-vous qu'il songe à moi ? »

« J'avoue, Emma, que cette idée m'a passé par la tête, et si vous ne vous en êtes jamais aperçue, vous pouvez maintenant la prendre en considération.

« M. Elton amoureux de moi ! Quelle idée ! »

« Je ne dis pas que cela soit ; mais vous ferez bien de considérer, que mon idée soit vraie ou non, de quelle manière vous devez vous conduire envers lui. Je pense que vos manières avec lui sont engageantes. Je vous parle en ami, Emma ; vous devriez vous tenir sur vos gardes, penser à ce que vous faites et à ce que vous avez envie de faire. »

« Je vous remercie ; mais je vous assure que vous vous trompez. Nous sommes bons amis M. Elton et moi, et rien autre. » Elle continua à marcher, s'amusant à réfléchir sur les méprises qui résultent souvent de la connaissance partielle qu'on a de certaines circonstances, des erreurs dans lesquelles tombent presque toujours les personnes qui prétendent posséder un jugement supérieur. Elle n'était pas non plus très-satisfaite de son frère, qui la prenait pour une aveugle, une ignorante, et qui croyait qu'elle avait besoin de conseil. Son frère ne dit plus rien.

M. Woodhouse s'était si bien confirmé dans son dessein d'aller à Randalls, que malgré le froid qui augmentait, il n'avait pas l'air de s'en dédire, et partit au temps qu'il avait fixé avec sa fille aînée dans sa voiture, ne faisant pas plus d'attention au temps que les autres. Etonné de son voyage, il sentait le plaisir qu'il causerait à Randalls, de le voir arriver par un temps si froid, et si bien enveloppé, qu'il n'en sentait aucune incommodité. Le froid, cependant, était sévère, et lorsque la seconde voiture se mit en mouvement, il tomba quelques flocons de neige, l'air était tellement chargé, qu'il paraissait certain que si le temps se radoucissait un peu, il en tomberait beaucoup. Emma s'aperçut que son compagnon n'était pas en belle humeur. Sortir par un temps pareil, le sacrifice de ses enfans qu'il ne verrait pas après dîner, étaient des maux, ou au moins des désagrémens que M. Jean Knightley n'aimait pas ; il ne prévoyait aucun amusement dans cette visite qui valût la peine de la faire, et tout le long de la route jusqu'au presbytère, il ne fit que témoigner son mécontentement.

« Il faut, dit-il, qu'un homme ait une bonne opinion de lui-même, pour engager quelqu'un à quitter le coin de son feu, par le temps qu'il fait, pour lui rendre visite.

« Il doit se croire infiniment aimable : je ne pourrais jamais en faire autant. C'est une grande absurdité. Il neige à présent. Quelle folie de ne pas permettre aux gens de rester à leur aise chez eux. Quelle sottise aussi à ceux qui ne restent pas à la maison quand ils le peuvent ! Et si nous étions obligés de sortir par un pareil temps, pour remplir nos devoirs ou faire nos affaires, que cela nous paraîtrait dur ! Et nous voilà, probablement vêtus plus légèrement qu'à l'ordinaire, courant volontairement sans excuse, sans écouter la voix de la nature qui dit à l'homme de rester à la maison, de s'y tenir à couvert, lui et tout ce qui lui appartient ; nous voilà partis pour passer cinq mortelles heures chez un homme qui ne nous dira, et à qui nous ne dirons que ce qui a été dit ou entendu hier, et qui pourra être dit et entendu demain : nous y allons par un mauvais temps, et nous reviendrons probablement par un plus détestable encore. Quatre chevaux et quatre domestiques dérangés, pour conduire cinq créatures, qui n'ont rien à faire et tremblantes de froid, dans une maison plus froide que la leur, et en plus mauvaise compagnie qu'elles n'auraient eue à la maison. »

Emma ne se sentit pas disposée à donner à son frère le moindre signe d'approbation, signe auquel il était accoutumé par sa compagne ordinaire de voyage, qui répondait toujours à tout ce qu'il disait : « Oui, mon cher ami, c'est très-vrai ; mais elle résolut de se taire. »

Ne pouvant pas se plier à son humeur, elle craignit de s'exposer à une querelle, et tout son héroïsme n'alla qu'à garder un profond silence. Elle le laissa parler, arrangea les glaces, s'enveloppa bien, et n'ouvrit pas la bouche.

Ils arrivèrent enfin, et lorsqu'on fut dans la cour, que la portière fut ouverte, et le marche-pied baissé, que M. Elton, bien paré, semillant, vint en souriant se présenter à eux, Emma pensa avec plaisir qu'on allait s'entretenir d'autres sujets. M. Elton paraissait si content, si joyeux, qu'elle commença à croire qu'il avait reçu sur la maladie d'Henriette un rapport plus favorable que celui qui lui était parvenu. Elle avait envoyé à Highbury, pendant qu'on l'habillait, et la réponse avait été : « A peu près de même, pas mieux. »

« Ce que j'ai appris de madame Goddard, dit-il, n'est pas aussi satisfaisant que je l'espérais. Pas mieux a été ce qu'on m'a rapporté. »

Sa figure alors s'allongea, et sa voix prit le ton sentimental, en prononçant ces dernières paroles.

Oh! non, j'ai été mortellement peiné de trouver..... J'allais vous dire que, passant chez madame Goddard, avant de m'habiller, on m'a dit que mademoiselle Smith n'était pas mieux ; qu'au contraire elle allait plus mal. J'ai ressenti une vive affliction, je m'étais flatté qu'elle devait être beaucoup mieux, d'après le cordial que je savais qu'elle avait reçu le matin. »

Emma sourit, et répondit : « Ma visite l'a sans doute tranquillisée, du moins je m'en flatte : mais je n'ai pas le pouvoir de *charmer* un mal de gorge. Elle a un terrible rhume. M. Perry a été la voir, comme on vous l'aura sans doute dit. »

« Oui, j'imagine, c'est-à-dire, non je n'en ai rien su. »

« Il l'a soignée dans ces sortes de maladies, et j'espère que demain nous aurons tous les deux un bulletin plus favorable ; mais il est impossible de ne pas être inquiet. Quelle perte pour notre partie aujourd'hui ! »

« Terrible ! c'est le mot *exactement ;* on ne peut manquer de la trouver à redire à tout moment. »

C'était bien dit, et le soupir qui accompagna cette exclamation était digne de louanges, mais il aurait dû s'en souvenir plus long-temps.

Emma fut indignée, lorsqu'une minute après, il se mit à parler d'autres choses avec une allégresse et un contentement parfaits.

« Quelle belle invention, dit-il, que de mettre des peaux de mouton dans les voitures ! Que cela les rend agréables : avec de telles précautions, il est impossible d'avoir froid. »

« Les grandes découvertes de ces temps modernes ont rendu les voitures des gens comme il faut, parfaitement complètes. On est si bien gardé et réparé contre le mauvais temps, que l'air le plus subtil n'y saurait pénétrer sans qu'on le veuille bien. Peu importe qu'il fasse beau ou non. Il fait froid ce soir, mais en voiture on ne s'en aperçoit pas. Ah! il neige à présent. »

« Oui, dit M. Jean Knightley, et je crois qu'il en tombera une grande quantité. »

« Vrai temps de Noël, observa M. Elton, c'est la saison, et nous devons nous estimer fort heureux qu'il n'ait pas commencé hier, il aurait empêché cette partie d'avoir lieu ; ce qui serait probablement arrivé, car monsieur Woodhouse ne se serait pas hasardé de sortir s'il y eût beaucoup de neige sur la terre ; mais à présent il importe fort peu qu'il en tombe ou non. Nous sommes dans la saison où les amis se rassemblent. A Noël chacun s'entoure de ses amis, sans penser au temps qu'il fait. Il m'est arrivé d'être retenu par la neige une semaine entière chez un de mes amis ; mon intention était d'y demeurer un seul jour, et je fus obligé d'y en passer huit. Rien de plus plaisant ! »

M. Jean Knightley eut l'air de ne pas comprendre quel plaisir on pouvait éprouver à être retenu par la neige pendant huit jours hors de chez soi. Il se contenta néanmoins de dire froidement. « Je ne désire pas que la neige me force à rester huit jours à Randalls. »

En tout autre temps, Emma se serait amusée, mais elle était trop surprise de la vivacité de M. Elton, pour penser à autre chose. L'espoir d'une partie agréable avait totalement effacé Henriette de sa mémoire.

« Nous sommes sûrs d'avoir un bon feu, continua-t-il, et tout ce qu'on peut offrir de meilleur. Monsieur et madame Weston sont des gens charmans; madame Weston est au-dessus de tout éloge; et quant à lui, il est tout ce qu'on peut désirer, très-hospitalier et grand amateur de la société. Cette partie n'est pas nombreuse; mais elle est si bien choisie; et de telles parties sont les plus agréables de toutes. On ne peut être à son aise que dix dans la salle à manger de M. Weston; quant à moi, en pareille circonstance, j'aimerais mieux qu'il y en eût deux de moins que deux de plus : je pense que vous serez de mon avis (se tournant d'un air flatteur vers Emma); je crois être sûr de votre approbation ; mais peut-être que M. Knightley, accoutumé aux grandes parties de Londres, ne sera pas du même sentiment que moi. »

« Je ne connais pas les grandes parties

de Londres, Monsieur, je ne dîne jamais chez personne. »

« En vérité, dit-il, d'un air d'étonnement et de pitié ; je n'aurais pas cru que les gens de loi fussent réduits à un pareil esclavage ! Mais, Monsieur, il viendra un temps où vous serez récompensé de toutes ces privations ; alors vous aurez moins de travail et plus de plaisir. » Le premier plaisir que je ressentirai, sera quand je serai de retour sain et sauf à Hartfield. »

FIN DU PREMIER VOLUME.

www.ingramcontent.com/pod-product-compliance
Lightning Source LLC
Chambersburg PA
CBHW070536160426
43199CB00014B/2270